ÍNDICE

Capítulo 01	*ADQUIERDO LA MENTALIDAD.*
Capítulo 02	*DEJANDO TUS OBSTÁCULOS.*
Capítulo 03	*PLANTÉATE OBJETIVOS.*
Capítulo 04	*LA ACTITUD.*
Capítulo 05	*PASIÓN.*
Capítulo 06	*MENTALIDAD.*
Capítulo 07	*FORTALEZA MENTAL.*
Capítulo 08	*LLÉVALO A LA PRÁCTICA.*
Capítulo 09	*DISFRUTA DE LA VIDA.*
Capítulo 10	*EL DINERO DEL SIGLO XXI.*
Capítulo 11	*LOS PENSAMIENTOS CORRECTOS.*
Capítulo 12	*EL GRAN ERROR.*
Capítulo 13	*LOS 3 FUNDAMENTOS DEL PODER.*
Capítulo 14	*LAS LEYES DEL ORO.*
Capítulo 15	*UNA VISIÓN PANORÁMICA.*
Capítulo 16	*NO SEAS ESCLAVO DEL DINERO.*
Capítulo 17	*LA EDUCACIÓN FINANCIERA.*
Capítulo 18	*EL ACTIVO Y EL PASIVO.*

Capítulo 19	*CUADRANTE DEL DINERO.*
Capítulo 20	*HÁBITOS BUENOS.*
Capítulo 21	*UN RECORDATORIO.*
Capítulo 22	*LAS VENTAS.*
Capítulo 23	*LA DEUDA.*
Capítulo 24	*NOTA.*
Capítulo 25	*CAPITAL VS FLUJO DE EFECTIVO.*
Capítulo 26	*LAS INVERSIONES.*
Capítulo 27	*INGRESO PASIVO.*

CAPÍTULO 01 ADQUIRIENDO LA MENTALIDAD

ADQUIRIENDO LA MENTALIDAD DEL ÉXITO.

Uno de los tantos problemas por los que una persona pasa alrededor de su vida, es la falta de tiempo y de dinero. Dos factores importantes pero distantes si no se tiene el conocimiento ni la mente adecuada.

Déjame decirte que la lucha con nosotros mismos, es de las batallas mas importantes a lo largo de nuestra vida, por que de ellas dependerá la descripción de quien serás.

No te sabotees pensando que no tienes el dinero suficiente para poder arrancar con ese proyecto que has pospuesto por tanto tiempo, que existe más crisis que el año pasado, que no tienes el tiempo suficiente para poder invertirlo en tu propio negocio o empresa.

Mucho menos te dejes sabotear por otros, si haces caso a sus malos comentarios, opiniones retrogradas o cualquier insinuación que se refiriera a que no lograrás tu objetivo; te alejarás de lo que quieres llegar a hacer, tener o ser.

CAPÍTULO 01 ADQUIRIENDO LA MENTALIDAD

Todo lo que necesitas está encima de tus hombros; tu mente. Nuestra mente es tan poderosa que si no la impregnamos con las ideas correctas; podemos caer en una situación, en donde todo lo que nos diga nuestro alrededor lo tomaremos como realidad, pasando incluso por encima de nosotros mismos por la desconfianza que tendremos de tomar nuestras propias experiencias.

Simplemente no creemos en lo que podríamos llegar a lograr, excusándonos con lo difícil o imposible que pudiera llegar a ser. No te mentiré diciéndote que eliminaremos tus miedos, porque emprender no es sencillo; y aún los más grandes oradores de multitudes, con toda la experiencia que tienen, llegan a sentir nervios y ansiedad antes de dar una de sus presentaciones.

Pero la diferencia es que no dejan que sus emociones los controlen; toman acción. Es así como canalizaremos nuestras emociones, más no podremos eliminarlas porque forman parte de nosotros como seres humanos y es lo que nos hacen dar lo mejor de nosotros en cada situación.

CAPÍTULO 01 ADQUIRIENDO LA MENTALIDAD

Quiero que seas audaz y tenaz con todo lo que te propongas en la vida, porque emprender, es solo una parte de tu desarrollo personal. Sé feliz y vive la vida que quieres tener.

Y te estarás preguntando ¿Cómo hago eso? Y te respondo, saliendo de tu zona de confort, quitándote esa mentalidad de miedo, porque eso es todo lo que es; un estado mental en el que te sumerges, creando ideas y adjetivos de ti mismo, que tomas como tus realidades.

Los mayores genios, los mayores líderes, los mayores emprendedores(hombres y mujeres); fueron sobreestimados y hasta llamados locos, pero fueron ellos quienes cambiaron sus vidas persiguiendo lo que amaban y así cambiaron su mundo. Y todo lo lograron saliendo del pensamiento de "no puedo".

Fracasa las veces que sean necesarias porque es así como realmente llegaras al éxito; pero el éxito se basa en acción.

Te explicaré; el talento es algo con lo que se nace y le es nato hacerlo a quien lo tiene, pero la

CAPÍTULO 01 ADQUIRIENDO LA MENTALIDAD

habilidad es algo que se crea con determinación, de horas y horas de dedicación, constancia y preparación.

Tienes que pararte a pensar, ¿Cuánto quieres esto?, ¿Cuánto estás dispuesto a dar para conseguir tu objetivo?.

Y te lo vas a tener que recordar todo el tiempo, porque habrá momentos en donde no podrás seguir y esas preguntas tendrán que sobresalir.

Asegura Michael Michalko, autor de libros de creatividad; "Cuando te rodeas de imágenes o escritos que representan tu intención - quién quieres llegar a ser o que quieres crear- , tu conciencia y pasión crecen para lógralo."

Básicamente, si comienzas a adquirir la mentalidad de la persona que te gustaría llegar a ser y te haces rodear por todas las aptitudes de ésta; en cualquier versión, ya sea por frases o imágenes, tu conciencia ira adquiriéndola. Es simple programación mental, al verte rodeado de todo lo que te gustaría ser para llevarlo a tu realidad.

CAPÍTULO 01 ADQUIRIENDO LA MENTALIDAD

1.- **Quiero que anotes todos los valores, fortalezas, opiniones positivas e ideales que te gustaría llegar a tener en un hoja de papel. Colócala en donde constantemente la veas.**

Que esté a la vista, esto es para comenzar a interiorizar todas esas ideas positivas que no te dices a menudo todos los días, y que harán cambiar tu actitud y estado de ánimo.

2.- **Dale un vistazo a esa lista antes de empezar tu día, para recargarte de confianza al recordar de qué estas hecho.**

CAPÍTULO 02 DEJANDO TUS OBSTÁCULOS

DEJANDO TUS OBSTÁCULOS.

Cada vez que comenzamos a hablar acerca de los obstáculos, me refiero a todo aquello que te frena mentalmente, lo que no te deja ser tú. Quiérete y considérate tu mejor amigo, ya que tus palabras hablaran de cómo te auto-percibas.

Muchas de las veces nosotros somos nuestros mayores críticos y los más despiadados también, no dejándonos ni permitiéndonos ser felices, por el hecho de pasarnos por lupa todos los defectos o carencias que tenemos, maximizándolos de lo que en realidad son, para hacernos creer que no somos tan buenos, tan inteligentes o tan audaces como otros.

Esas son solo ideas, que no describen quien eres. Eres valiente, inteligente, audaz, sin miedo a nada y empoderado de ti mismo; eso es lo que eres, un EMPRENDEDOR. Quien no se detienen para la aprobación de los demás solo por quedar bien.

CAPÍTULO 02 DEJANDO TUS OBSTÁCULOS

Eres valiente, inteligente, audaz, sin miedo a nada y empoderado de ti mismo; eso es lo que eres, un EMPRENDEDOR.

Un emprendedor es líder en su grupo porque no tiene miedo a expresarse, tiene hambre de éxito, tienen muy en claro para donde van y lo que quieren lograr. Siempre están en acción.

Debes de ser apasionado, por todo lo que hagas y creas, para dejar tu huella donde estés, ya que eso perdurará más, a comparación de tu duro trabajo momentáneo.

PLANTÉATE OBJETIVOS.

El plantearte objetivos conforme vayas viendo tu progreso, es ir aumentando de autoestima, así como los grados de dificultad para tu próximo objetivo.

Tener objetivos claros y que sean reales te hace enfocarte mas en lo que tienes que trabajar en ti, para cuando los vayas alcanzando, te hagas mucha ilusión de ir cumpliéndolos y estar listo para tu próximo objetivo. No te lo había dicho anteriormente pero seguir detrás de tus objetivos implica fracasar, no te mentiré, pero de eso se trata; nadie ha alcanzado objetivos altos sin haberlos echado a perder antes. Equivócate rápido y levántate que habrás aprendido de la mejor manera posible, en la práctica.

Puedes ponerte las metas que tu quieras pero en mi opinión, considera las más reales para alcanzarlas rápido y no pierdas tanto tiempo en una meta que te llevara mucho más tiempo por no haber generado la suficiente experiencia.

CAPÍTULO 03 **PLANTÉATE OBJETIVOS**

No quieras tener como meta generar un millón de dólares, al mes de haber empezado tu empresa, pero si unos 1000 USD (por decir un número), para ir subiendo después gradualmente tu número ideal del mes a 2000 USD, después 3000 USD y así consecutivamente.

Sé intrépido y ambicioso con todo lo que te propongas, porque te harán lograr cosas grandes con previas experiencias, eso reforzará tu confianza. No le temas a los retos que para eso están; para alcanzarlos y probarnos que podemos con el siguiente.

Pero lo más importante es que nunca los debes de abandonar; no importa que no haya resultado tu idea millonaria, nunca abandones este desarrollo personal de ser un emprendedor por más fracasos que tengas, la clave esta, en ser persistente hasta lograr el éxito.

El abandonar cada proceso personal implica que no afectes a nadie más, mas que a ti mismo, al derrotarte y no hacer nada para remediarlo.

CAPÍTULO 03 **PLANTÉATE OBJETIVOS**

Te puedo decir todo lo que sé en cuestión de emprendimiento, pero si te sientes derrotado en tu primer fracaso y no haces nada para remediarlo, no habrá servido de nada toda la teoría que sabes.

Te pondré un ejemplo; supongamos que te gusta el ajedrez y quieres ser uno de los mejores, como te gusta demasiado quieres saber lo más que puedas de él. Pero por mucha teoría que tengas, si nunca juegas una sola partida, no sabrás como se juega; la experiencia se adquiere practicando y aprendiendo en el proceso de las derrotas.

Ahora te pregunto, ¿Quieres ser un estudioso del emprendimiento ó ser un emprendedor?

CAPÍTULO 04 **LA ACTITUD**

LA ACTITUD.

Es una palabra que proviene del latín "Actitudo". Y trata de la capacidad que tenemos para enfrentar el mundo y las circunstancias que se podrían presentar en la vida.

Es lo que marca la diferencia entre ganar y perder, entre conquistar y ser conquistado, entre morir en el intento o salir victorioso, bueno, lo estoy llevando a los extremos, pero el punto es que la actitud es la mentalidad a como nos enfrentamos en la vida. Porque al enfrentarnos a los problemas que el emprender tiene, iremos progresando para ser expertos.

Muchos consideran que el ser un empresario y emprendedor exitoso, es como un don casi inalcanzable, alguien que fue privilegiado desde su nacimiento para estar rodeado de abundancia, y es que la verdad solo se trata de actitud y de lograr ser quien tú quieras; porque nadie nació sabiendo, al contrario, fueron adquiriendo habilidad en los negocios bajo la experiencia y para suerte de cada persona, emprender esta al alcance de cada uno que quiera saber cómo

CAPÍTULO 04 **LA ACTITUD**

hacerlo, que es experimentándolo y teniendo actitud en las derrotas, hasta lograrlo.

Nos hemos encontrado a lo largo de nuestra vida con adversidades, adversidades que nos detuvieron pero que no lo hicieron por completo, porque las afrontamos y el hecho está, en que seguimos aquí esperando el siguiente. Este tipo de mentalidad es el que busco que tomes cuando las cosas no salgan bien, porque debemos ser honestos, no todas las puertas se nos abrirán pero no todas se nos cerrarán; depende de ti, y de la actitud que tomes para seguir después de recibir un "no", para encontrar el "sí".

La actitud lo es todo, cuando te sumerges en esta aventura, porque es tu manera de ser positivo a pesar de las barreras que te pongan las circunstancias; tener el mismo estado de ánimo positivo con el que empezaste después de un rechazo para ir tras la siguiente, es actitud. Muéstrate siempre optimista porque toda nueva disciplina y conocimiento lleva su tiempo, y no desesperes por no ver resultados tan pronto, lo bueno toma su tiempo.

CAPÍTULO 04 **LA ACTITUD**

La actitud, es tener un cambio personal y puedo hacértelo saber con una metáfora que me enseñaron; que dice que las personas somos como bombillas, Sí, como bombillas! en las que unas corren a diferentes Watts que otras, porque cada uno de nosotros transmitimos a diferente energía; unos más que otros y lo podemos ver en nuestra vida diaria.

Cada vez que conocemos a alguien nuevo en nuestra vida que nos ha impactado, inspirado, creado admiración o respeto diremos un ¡WOOOOOOW que persona ! y en comparación con aquella que no nos haya hecho alguna aportación, solamente es una persona común, diremos un simple "Mm es una buena persona".

Puedes llamarlo como tu quieras; feeling, química o como mejor describa eso que te transmiten, pero existen este tipo de sensaciones que te crean ciertas personas que hayan influido en tu vida. Y es que hay una crisis de ánimo en las personas que quieren aprender por que no generan los suficientes Watts, es decir energía consigo mismos, en sus proyectos, con las personas que los rodean, etc.

CAPÍTULO 04 LA ACTITUD

Lo que marca una diferencia entre las personas emprendedoras, líderes, pensadores, innovadores y demás, con el resto de las personas "normales", es que siempre están con optimismo, pasándola bien y sonriendo. La pregunta sería ¿Quieres ser del tipo común, o quién genere la mayor cantidad de Watts?

$$\text{Éxito} = (C + H) * A$$

C= Conocimiento
H= Habilidad
A= Actitud

Podemos interpretar la fórmula como C, que es el conocimiento sumado a H, que son las habilidades que poseemos, multiplicado por A, que es la actitud; te darán como resultado el éxito.

Lo importante de esta fórmula es que C y H son esenciales, porque para cualquier disciplina nueva que queramos adquirir, necesitamos de conocimiento; el saber de lo que hablamos es primordial; así como de habilidad, que es la experiencia en el área para poder llevarlo a cabo.

CAPÍTULO 04 LA ACTITUD

Un ejemplo claro de esto, sería la profesión de un doctor; en la cual se necesita de teoría, conocimientos, bases científicas y demás para poder saber, conocer y tratar las enfermedades de los pacientes, pero también de la habilidad y experiencia para hacer una cirugía si fuera requerida. Pero si no se tienes la actitud para ser un buen doctor, pasaras a ser uno mas del resto.

El punto clave de esta fórmula es que el Conocimiento (C) y la Habilidad (H) suman pero la Actitud (A) MULTIPLICA, porque la diferencia entre el crack y el suertudo no esta en la C ni en la H, esta en la A.

Tú no eres una persona grande por tus conocimientos ni tu experiencia, sino por tu manera de ser; nadie te aprecia por tus títulos y las habilidades que tienes, a ti te aprecian por tu manera ser; ya que no eliges a tu amigos por su curriculum sino por como son como personas.

Todas la personas fantásticas tienen una manera de ser fantástica y todas las personas comunes tienen una manera de ser muy común.

CAPÍTULO 04 **LA ACTITUD**

No digo que la C ni la H no sean importantes, claro que son importantes; no hay nada peor que un inútil muy motivado. Y es que cuando estamos muy desanimados, no perdemos inteligencia ni experiencia; sino nuestra manera de ser.

La mayoría de las veces nos estamos enfocando en las cosas negativas que nos pasan; nuestro trabajo no es el que quisiéramos, me gustaría tener mas dinero, no tengo el físico que me gustaría, no estoy a gusto con quien soy o no tengo novi@.
¡ BASTA, NO MÁS !

Dejemos de presionar el acelerador de nuestra vida por unos segundos y comencemos a ser agradecidos con lo que tenemos y de lo que somos.

En la sencillez de las cosas es donde encontrarás la grandeza, como podría ser el disfrutar de un momento contigo mismo, platicar con el amigo que hacia tiempo que no veías, disfrutar de un cerveza, etcétera; son esos los momentos que de verdad valen la pena; porque si no estas conforme con la situación que pasas por ahora y piensas

CAPÍTULO 04 **LA ACTITUD**

que el tener dinero te dará felicidad, déjame decirte que estás muy equivocado.

La felicidad no la encuentras en el dinero, aún y cuando tengas una cantidad exorbitante en tu cuenta bancaria; pues no podrás llenar un vacío sin fondo, porque la felicidad la encuentras contigo mismo.

La vida como yo la veo es como un juego de póker, en donde no elegimos las cartas que nos tocan; las cosas son como son, y puede ser que te haya tocado una buena mano o no, pero la grandeza se demuestra jugando. Y es lo que separa a los grandes de los mediocres.

¡ Nunca…! y te lo digo otra vez; nunca podremos elegir las cartas, ni las situaciones en donde nos encontremos pero siempre, siempre, siempre podremos elegir nuestra actitud. Una libertad que tenemos como seres humanos, porque con cada decisión en donde escojamos nuestra actitud como prioridad, nos acercará un poco más a la grandeza.

CAPÍTULO 04 **LA ACTITUD**

La actitud, la fórmula del éxito.

CAPÍTULO 05 **LA PASIÓN**

LA PASIÓN.

Te estarás preguntando ¿Por qué hay un apartado dirigido a la pasión? Y es que en el mundo de un emprendedor, sino tiene pasión por su proyecto, la idea que piensa materializar, la empresa ideal que quiere crear; solo será un simple plan que le dará igual si se concreta o no.

Tu pasión es la maquina que no te dejará caer en el desinterés y el conformismo cuando las cosas no te resulten, porque no te resultará todo lo que te propongas en sus inicios, pero tu pasión deberá ser quien te levante y te obligue a seguir caminando.

Si tiras la toalla con cualquier proyecto que tengas, tal vez deberías preguntarte si era lo que te apasionaba; Y estoy seguro que no, porque cuando uno se apasiona por lo que quiere, jamás tirará la toalla aún y aunque se lo pidieran.

Busca tu pasión si aún no tienes una, y si ya la tienes, esmérate por hacerla parte de tu vida.

CAPÍTULO 05 LA PASIÓN

No pierdas el tiempo haciendo proyectos, metas ó planes de vida que no te llenan por completo, porque el tiempo es tan valioso que no lo podemos retroceder.

Tatúate estas palabras emprendedor, en donde estén a tu vista todo el tiempo :

"Todo lo que desees lo puedes conseguir, y si no lo logras, habrás adquirido experiencia y aprenderás que algo mejor te espera, siempre y cuando no pierdas la fe y la actitud en ti por continuar".

MENTALIDAD.

Somos las mismas personas por quienes somos por fuera como por dentro, tú eres lo que piensas de ti. Y sacando todas las limitantes que te adjudicas, es como verdaderamente conocerás a tú yo interno.

Cambia tu mente y cambiarás tu mundo, es así de fácil, pero no es tan sencillo como parece, ya que para llevarlo a cabo en la vida real es más complicado.

Las grandes personalidades como pensadores, innovadores, y todos aquellos que se ganaron el respeto de otras por sus hazañas ; han tenido algo en común, y es la forma en la que piensan; esa mente positiva de ir siempre hacia a delante, de abrazar los errores que comenten para recibirlos después como experiencia. Porque saben de la importancia de éstos para mejorar. Es así como se ganaron los títulos de genios, maestros, mentores y demás.

El ensayo y error será una acción tan habitual y necesaria en toda persona que quiera entrar en el ambiente de emprender, ya que, ¿Te imaginas a un innovador colgando los guantes en su primer fracaso ? Yo tampoco.

El fracaso es lo que nos hace perfeccionar nuestro juego en cualquier área, el repasar que fue lo que no resultó en nuestras practicas y experimentos, nos hará hacer ajustes para volver al juego una vez más.

El mundo es tu laboratorio, en donde puedes practicar las veces que te sea necesario. Equivócate mucho y rápido para que perfecciones tu juego a base de conocimiento y experiencia pero sobre todo de actitud como ya lo habíamos visto. Quiero que te quites el chip tan programado que tienes en la mente, acerca de que es imposible ganar dinero en lo que te gusta hacer. Los emprendedores no tienen este típico chip que la mayoría tiene, eso es lo que los hace únicos y diferentes de todos.

Basta de estar teniendo las frases frecuentes de " Jamás lo lograré ", " No soy lo suficiente bueno ",

CAPÍTULO 06 **MENTALIDAD**

" No tiene caso intentarlo ", " ¿Para qué hacerlo?, No resultará ". Recuerda que todo lo que te programes internamente es lo que llevaras a tu exterior.

Inconscientemente lo que hacemos, es que las cosas negativas que pensamos, las traemos a nuestra realidad. ¿Por qué pasa esto?, porque cada vez que tenemos pensamientos negativos, visualizamos la derrota antes de que ésta haya ocurrido; esto no pasa sólo en el emprendimiento sino en cualquier ambiente; ya sea en tu trabajo, en tu negocio, en tus relaciones sociales y hasta en tu dinero. No trato de ser un gurú o algún líder espiritual, solo te comparto lo que he aprendido para poder tener una mentalidad positiva, y esto se reduce en la Ley de la atracción. En donde básicamente esta ley nos muestra que tú materializas tus pensamientos, atraes lo que piensas.

Y te puedo poner un ejemplo de esto. Cada vez que atraviesas por una situación difícil en tu vida y comienzas a quejarte aun más por ella ¿No notas que se intensifica, por decirlo así "tu mala suerte"?

CAPÍTULO 06 **MENTALIDAD**

Esto es porque las ideas que tenemos alimentan nuestro entorno y cuando nos quejamos por ese mal momento que tenemos, llenamos nuestra mente de negatividad que nosotros mismos provocamos, lo que ocasiona que si pensamos mal; así es como nos irá.

En cambio si comenzamos a ser positivos, se reflejará en nuestro entorno del mismo modo, porque fue así como lo mentalizamos para que sucediera.

Atraes lo que piensas. Piensa positivo

Puedes aprender mucho más de esta ley, en un libro titulado "El Secreto" de Rhonda Byrne, te lo recomiendo. Las grandes mentes saben de esta ley, y no solo la conocen, sino que la practican en su vida diaria, mentalizando sus éxitos hasta cumplirlos; no se dan incógnitas, dudas, posibles fracasos, ni nada que se le asemeje.

CAPÍTULO 06 **MENTALIDAD**

¿Qué caso tendría estar saboteando sus pensamientos para llegar al éxito? En cambio dan por hecho que lo que tienen en su mente, es lo que pasará. Es por eso que tienen éxito en los negocios, en sus proyectos, etc. Y no se lo deben a una mente pobre sino a una mente fuerte y positiva de sí mismos.

Déjame aclararte que la mente es la herramienta más poderosa del ser humano, pues con ella podemos lograr ser quien queramos; si tenemos el suficiente deseo de serlo, buscaremos la forma de conseguirlo no importando el tiempo que éste nos lleve. Así es como todo hombre y mujer exitoso inicia, en su mente.

Ya que lo imposible es solo una excusa, sino, no existirían tantas historias increíbles de personas que hicieron lo inimaginable. Como Ben Sweetland dice, "Cualquier cosa que la mente pueda concebir y creer, puede alcanzarse".

Pero así como la mente puede programarnos para nuestra superación, así también puede programarnos para fracasar, depende de ti que tipo programación quieres tener.

CAPÍTULO 06 **MENTALIDAD**

Por lo que debemos de esforzarnos en tener pensamientos positivos todo el tiempo si queremos el éxito ya que, "El hombre es producto de sus pensamientos" dejando solo una interrogante ¿Quién quieres ser por medio de tus pensamientos?

Seré franco contigo, como lo he estado siendo en el transcurso de este manual, el 95% de las personas que se involucran en el emprendimiento, no tendrán éxito; y esto no se deriva por las técnicas erróneas o la mala información del tema, sino de todo lo que no se enseña, que es el bloqueo mental, los cuales se visualizaran fracasando sin haber empezado aún.

El 5% restante será aquel que dejará atrás los pensamientos de "no lo lograré", "esto no es para mi ", "mejor me dedico a otra cosa" u otro pensamiento que se le relacione, para enfocarse en su ÉXITO.

Quiero que seas más que una persona en busca de dinero, porque no hay límite en lo que puedas conseguir con los pensamientos correctos de ti.

CAPÍTULO 06 **MENTALIDAD**

Sé parte del 5% de las personas con éxito, no tanto por tus habilidades porque estas se pueden adquirir sino por tu mentalidad.

Cualquier cosa que la mente pueda concebir y creer, puede alcanzarse.

FORTALEZA MENTAL.

Mantente sin prejuicios ni influencias ajenas para decidir quién eres y qué quieres.

Trázate un camino de una persona coherente, donde te renuevas constantemente y no dejas que nada te aparte de lo que buscas en la vida. Siguiendo este pensamiento es como encontrarás la fuerza mental. lo difícil es interiorizártela, porque estoy seguro que eres el doble, el triple, cuádruple y hasta más; de bueno de lo que tú consideras en este momento de ti.

No te desesperes si estos no te dan grandes resultados en un corto plazo porque todo lo que vale la pena lleva su tiempo. Ve y crea la mejor versión de ti, primero en tu mente y después materialízala en tu realidad.

Nunca te detengas, mantente siempre avanzando.

LLÉVALO A LA PRÁCTICA.

Lo que has aprendido hasta ahora, no tendría ningún valor si no lo usas. Por lo que no quiero que solo estés de acuerdo con las ideas que te he mostrado, dales la oportunidad que trabajen para ti, NO llevándolas a la práctica con la idea de… " Me pregunto si funcionarán".

Han funcionado con otros, funcionarán contigo. En el emprendimiento, el 10 % es conocimiento y el 90 % es acción; no generarás lo que buscas para ti solo con leer, sino experimentando por tu cuenta el cómo saber hacerlo.

La teoría se vuelve obsoleta sino la llevas a la práctica.

CAPÍTULO 09 DISFRUTA DE LA VIDA

DISFRUTA LA VIDA.

Disfruta las cosas de la vida, aun a pesar de que estés pasando por adversidades. No todo lo que vivimos puede ser un triunfo. Si un día las cosas no salen como quisieras, date permiso de pasar ese malestar, pero no te sientas mal por mucho tiempo. Todo es pasajero en esta vida, lo único importante en ella es vivir el momento y divertirse en él.

A veces, el temor al ridículo y las burlas al que dirán, harán que reprimas tus deseos por conseguir lo que buscas. Aprovecha cada momento de tu vida como si fuera el último, piensa qué harías si estuvieras viviendo hoy tu último día. No desaproveches ninguna oportunidad que se te presente. Total, al fin y al cabo la gente siempre hablará.

No pierdas el barco que zarpa del muelle, pudiera ser que ya nunca vuelva al puerto otra vez. Disfruta cada momento de tu vida, y encuentra la esencia de ésta para transmitirlo en todo lo que hagas y con quien te rodees. Haz que suceda, puedes fallar pero nunca perder.

CAPÍTULO 09 DISFRUTA DE LA VIDA

Te deseo todos los errores que puedas cometer, para que de todos ellos aprendas y adquieras la experiencia de un profesional.

COMENZAMOS........

CAPÍTULO 10 EL DINERO DEL SIGLO XXI

El dinero del siglo XXI ahora se llama conocimiento.

Muchas veces nos hemos preguntado si se puede llegar a tener dinero y al mismo tiempo contar con libertad, libertad de tiempo sin esclavizarse a un trabajo; en donde no solo vivamos nuestro día en las cuatro paredes de donde trabajamos. Y te digo que si es posible, CON LOS CONOCIMIENTOS ADECUADOS.

El sistema educativo tradicional nos ha enseñado durante mucho tiempo a repetir términos, fórmulas y hasta hechos históricos con tal de regirnos por una calificación, pero ¿Es a base de repetición de textos que los ricos se vuelven ricos?. No me mal entiendas es muy honorable que hayas llegado a ser un profesionista o estás en el proceso de serlo, es más te aplaudo por tomar ese camino, pero déjame decirte que hasta las personas con una carrera concluida tienen problemas económicos; y todo porque la educación que realmente necesitamos no la podemos encontrar en la escuela, es mas no creo que ni siquiera ellos conozcan del tema del que hablo y es la EDUCACIÓN FINANCIERA.

CAPÍTULO 10 EL DINERO DEL SIGLO XXI

No se nos enseño cómo invertir, en que invertir o cómo apalancarnos con el dinero de alguien más, pero si lo sabes, te felicito vamos por buen camino.

Si fuera así todos las personas profesionistas serían millonarias, en cambio nos hemos encontrado con historias de gente que conocemos o lo hemos vivido en carne propia, que no basta con ser titulado de una prestigiosa escuela, porque existe la escasez de empleos. Los empleos comenzaron a ser más demandantes y tristemente mal pagados, en donde debes de tener suerte para tener un buen puesto, que te de un salario decente, tener amigos influyentes en altos cargos ó que sea un puesto seguro a largo plazo para no correr el riesgo de ser despedido.

Podrá escucharse como una conspiración pero la realidad es que sino tienes educación financiera, no tendrás inteligencia financiera; algo muy conveniente para el gobierno, porque estarás esperando a que te resuelva

CAPÍTULO 10 **EL DINERO DEL SIGLO XXI**

tus problemas financieros aumentando el salario mínimo y bajando el índice de desempleos, algo que dudo que pase en un tiempo cercano. Y le dará al gobierno más y más control sobre tu vida.

Despierta y reconoce que necesitas un cambio, porque los cambios no vienen del gobierno en turno, provienen de nuestras acciones; y el tiempo desperdiciado y mal gastado es pobreza.

Siempre nos decimos o escuchamos a esa vocecita diciéndonos "No es un buen momento porque mi novio me dejó ", "Mi mejor amigo se mudó", "Mis papás no me entienden ", " El país no está en su mejor momento"; ni lo estará eso te lo aseguro. Realiza el cambio primero en ti y después en tu entorno, porque nadie va a llegar a decirte " Ten un millón de dólares que no los ocupo ahora " porque hasta para recibir dinero, debes de aprender a multiplicarlo.

CAPÍTULO 10 EL DINERO DEL SIGLO XXI

Primero debemos conocer el tema respecto al dinero, ya que eso nos permitirá ahorrarnos desfalcos en proyectos, terribles frustraciones y hasta porque no decirlo, fracasos por falta del saber. La pregunta es ¿Cómo puedo cambiar yo mi situación?, la respuesta a ésta pregunta es; con CONOCIMIENTO. El conocimiento nos dará independencia y libertad.

¿Te estás dando cuenta de lo importante que es conocer la educación financiera ?, pero ¿Por qué no está al alcance de todos este tipo de información?

Pues porque los bancos ni mucho menos los ricos quieren que lo sepas, no les conviene que te salgas de su sistema ¿ Cuál es su sistema ? Nacer, crecer, ir a la escuela, graduarte, buscar un trabajo, y endeudarte hasta tu muerte con hipotecas, prestamos y demás. Es duro pero es una realidad, crea tu propio ingreso, como dice Robert Kiyosaki "Sé tu propio banco ".

CAPÍTULO 10 **EL DINERO DEL SIGLO XXI**

Y no busques el momento perfecto porque jamás llegará, todo momento es perfecto para emprender.

Los ricos saben que la inteligencia financiera no tiene nada que ver con cuánto dinero uno gana sino cuánto dinero pueden conservar. Con esto te confirmo una vez más que no se necesita dinero para crear más dinero, se necesita de conocimiento.

Debes saber que el dinero no es lo más importante, porque lo ganas y lo pierdes todo el tiempo, lo importante es lo que hay en tu mente; es ahí donde realmente se producen las ganancias, ya que puedes llegar a construir todo desde cero si llegaras a perderlo todo.

Me preocupa que demasiadas personas se enfoquen sólo en el dinero y no en su riqueza más importante, que es su educación financiera y en su mente, porque aun teniendo el dinero no implica que seas rico, y lo podemos ver todos los días.

CAPÍTULO 10 EL DINERO DEL SIGLO XXI

Existen casos en donde 4 de 5 personas que ganan la lotería al cabo de cinco años regresan a la misma situación en donde estaban; endeudadas, ya que tener ingresos que superen los márgenes del promedio no te libra de la factura de una mente pobre y todo por no tener una inteligencia financiera sólida de cómo usar el dinero.

Si ganas $ 100,000 dólares y gastas los mismos $ 100,000 no te puedes considerar rico, porque no se trata de generar la mayor cantidad de dinero sino de retener la mayor cantidad de dinero, incluso hasta para tus generaciones.

La gente con una mentalidad pobre comúnmente dice "Es que no tengo dinero para mis proyectos", "No hay dinero", "Necesito dinero para tener dinero ". Napoleón Hill dice *"Se ha extraído más oro de la mente humana que de la tierra"*.

Pero ¿Qué es lo que marca la diferencia entre los pobres y la clase media con los ricos ?

CAPÍTULO 10 **EL DINERO DEL SIGLO XXI**

¿Serán sus habilidades? ¿Las relaciones que tienen? Mmm pudieran ser esos casos pero son dos cosas en concreto; el conocimiento y la mentalidad. El conocimiento porque deben saber que es lo que hacen, imagínate un inversionista preguntando dónde invertir, o un dueño de negocio preguntando sobre su negocio. Nooo ellos conocen su negocio, su mercado y hasta te dan cátedra de cómo hacerlo.

Por otro lado pero no la menos importante está la mentalidad. Tener una mentalidad distinta te hará tener ambiciones, sueños, hambre de prosperar, hambre de superarte, hambre de éxito. Una fortaleza mental con la cual puedas confrontar los problemas que te encuentres en tu camino y aun así tener el coraje de levantarte las veces necesarias. Tu mentalidad también influye en tu éxito porque ¿A caso crees que los

CAPÍTULO 11 LOS PENSAMIENTOS CORRECTOS

ricos se dieron por vencidos en su primer fracaso ? No, nunca se rindieron

Los pensamientos correctos

La abundancia va de la mano con el poder de la mente sobre la materia, porque el tener pensamientos millonarios más acciones millonarias te darán resultados millonarios, es así de simple. Es demasiado importante que inundes tu mente con imágenes positivas todo el tiempo, porque muchas veces nos saboteamos incluso antes de poner en marcha esa idea que podría ser la del millón, por lo que nuestros propios pensamientos son los que nos dirigen hacia donde nos mentalizamos llegar. La mentalidad de una persona pobre está siempre programada en ver constantemente los errores que cometen y casi nunca están conformes con las virtudes que tienen, en cambio por el otro lado, las personas de abundancia saben la importancia de ser siempre agradecidos con lo que tienen y se rig-

CAPÍTULO 11 LOS PENSAMIENTOS CORRECTOS

en bajo el principio millonario del GANAR-GANAR. Ellos ganan haciendo ganar a los demás.

Las mentes de las personas ricas operan siempre a otro nivel, porque entienden que para llegar al éxito, se gana y se aprende; pero jamás se pierde. Porque todas las veces en las que los negocios no salieron como esperaron, aprendieron el camino correcto que debieron tomar; nunca lo toman como un fracaso, es sólo el aprendizaje de una retrospección de sus acciones para un camino más seguro por el que deberán caminar la próxima vez. La meta no es el dinero; es el aprendizaje y las experiencias que te dejó tu trayecto.

No pierdas tiempo pensando en la pobreza, las malas situaciones financieras, la crisis y demás estados negativos, porque esto sólo te sumergirá en una idea pobre de tu realidad por la incertidumbre y desconfianza que tienes de ti mismo.

CAPÍTULO 12 EL GRAN ERROR

Borra de tu mente todo aquello negativo, esas dudas que te hacen retroceder para alcanzar tu éxito y no te digas "no fracasaré " mejor di "tendré éxito ", ya que la claridad te da poder.

Pero no sólo de mentalidad se alcanza el éxito, debes de tomar acción. El tomar acción también lleva su parte, puesto que no puedes esperar la oportunidad pensando positivamente que llegará; tienes que buscarla. Si fracasaste no te preocupes, es porque no lo pediste lo suficientemente a tu mente para que lo materializara; continua haciéndolo y seguramente te llegara algo más grande de lo que buscabas.

El gran error

No cometas el error de pensar que el dinero resuelve todos los problemas porque no lo hace, puesto que sino tienes inteligencia con el dinero, llegarás a donde comenzaste sin importar lo golpes de suerte que tuviste, retomamos el ejemplo de los que ganan la lotería.

CAPÍTULO 12 **EL GRAN ERROR**

No hagas del dinero tu meta, persigue las cosas que amas hacer y hazlas tan bien que las personas no puedan quitarle los ojos encima, y en reacción eso traerá consigo el éxito. Persigue tu pasión, y ve tras eso que te hace felíz. Tu inteligencia resolverá tus problemas y te producirá dinero, mientras que tu fortaleza mental te mantendrá de pie bajo las adversidades.

Para ser rico debes de nutrirte de pensamientos positivos, educarte y renovarte constantemente, ya que la pobreza es una desnutrición mental y muy cara por cierto. El dinero no te dará una mentalidad de éxito, tu mentalidad de éxito es la que te dará dinero, así también, el invertir en tu mente siempre será inversión segura que llenará tus bolsillos.

> IGNORANCIA + PEREZA = POBREZA

CAPÍTULO 12 EL GRAN ERROR

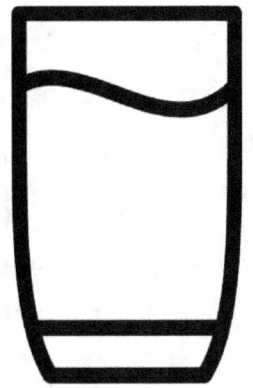

Te daré el ejemplo del vaso de agua; supongamos que el vaso es nuestro conocimiento del dinero y el agua nuestro dinero. A medida que nosotros incrementemos nuestro dinero se llenará poco a poco nuestro vaso, pero si llegáramos a tener más dinero (agua) de lo que nuestro vaso puedo almacenar, se derramaría. Lo mismo pasa con nuestro dinero, lo vamos perdiendo cuando no sabemos que hacer con él por falta de inteligencia, en cambio, si aumentamos nuestro inteligencia y conocimiento acerca del dinero, haremos crecer nuestro vaso para que el agua no se derrame; pero si llegáramos al borde de nuestro vaso por el agua una vez más, lo cambiaríamos por una jarra, después por un recipiente más grande y así sucesivamente para no derramar ni un gota.

A menudo he escuchado personas decir "Estoy endeudado, así que necesito ganar más dinero", "Necesito un aumento", "Si sólo tuviera un

CAPÍTULO 12 EL GRAN ERROR

descanso", " Voy a regresar a la escuela para tener más capacitación de manera que pueda tener un mejor trabajo", "Voy a trabajar tiempo extra", " Quizá deba tener un segundo empleo para pagar mis gastos" , " Voy a renunciar en dos semanas para encontrar un mejor trabajo".

No tengo ningún tipo de inconveniente con estos pensamientos pero debemos ponerlos bajo lupa, ¿Crees que con dos trabajos podrás pagar tus deudas?, puede ser que si, pero sino aprendiste la lección te endeudarás otra vez y otra vez; ¿Qué hay de tu familia ?, ya no te reconocerán por los turnos dobles que haces. Se que todo lo haces es por ellos, para darles una mejor vida y para darte a ti una mejor vida pero ¿A qué costo?. El prepararte más para tener un mejor trabajo, ya sea, un diplomado, una maestría o una especialidad tiene sus méritos debo de decirlo pero ¿ Te dará la vida que quieres ? o ¿Cubrirá tus gastos ?.

CAPÍTULO 12 EL GRAN ERROR

Como te la había dicho antes, hay demasiada demanda para encontrar un trabajo y muy pocas ofertas de empleo, lo que lleva a tener una mentalidad general de; "Debo de especializarme ", "Debo de prepararme más para poder sobresalir del resto "; pero la realidad es que ni vas a percibir lo que realmente vales y habrá miles que están disponibles para hacer lo que tu haces hasta por la mitad de tu sueldo; es por eso que la empresas se aprovechan de la demanda para imponer los salarios. Puedes decir "Por ley deben de pagar lo justo a los trabajadores", pero la triste realidad es que todas las corpora-

ciones están por encima de la ley porque la ley no aplica para todos, menos para quienes las usan a su beneficio. ¿Cuál es la solución ? No pierdas más el tiempo y emprende, para darte la vida que mereces.

CAPÍTULO 12 EL GRAN ERROR

Adquiere una mentalidad de emprendedor y no la del resto de las personas que piensa que un salario con ésta actualidad les dará el estilo de vida que quieren para ellos y para los suyos. Tampoco quiero decir que dejes tu trabajo que es el único sustento de tu familia y el tuyo sólo para seguir tu sueño; Noo, quiero decir que puedes saldar tus deudas y crearte el hábito de ahorrar para invertirlo en tu idea, pero incrementa tu inteligencia con el dinero porque el conocimiento reduce el riesgo. ¿Por qué debes molestarte en desarrollar tu coeficiente financiero? ¿Por qué debes conocer el mundo del dinero? Simplemente para tener más opciones.

La mayoría de la gente sólo conoce una solución: trabajar duro, ahorrar y pedir prestado; ese es un ciclo que ha perdurado durante mucho tiempo y que ha alimentado el sistema que actualmente vivimos, los ricos se hacen más ricos y los pobres se hacen más pobres. No te imaginas el gusto que me daría, saber que este tipo de información estuviera

CAPÍTULO 12 **EL GRAN ERROR**

en las manos del mayor número de gente posible, porque hay suficiente para todos en este mundo, no hay porque ocultar tan valiosa información. Ya dependerá de cada uno de nosotros si lo ocupamos a nuestro beneficio ó solo como una buena información, que si no es llevada a la acción no podrá cambiar nuestro presente.

Crea tu propia suerte y no aceptes todo lo que ocurra a tu alrededor como una verdad absoluta; MEJÓRALA. Pocas personas se dan cuenta de que la suerte es creada y lo mismo sucede con el dinero; si quieres ser más afortu-

nado y crear dinero en lugar de trabajar duro, entonces debes de ser más listo y lista de lo que eres ahora, porque si eres de la clase de persona que está esperando a que ocurra "tu momento de suerte ó tu situación correcta", es posible que debas

CAPÍTULO 12 EL GRAN ERROR

esperar durante mucho tiempo. Como en el juego de la lotería, el casino ó el bingo, deberás esperar a que la suerte te llegue, y puede ser que lo haga o que nunca lo haga.

Muchas veces he escuchado como respuesta: "Oh, eso es demasiado trabajo y molestia", ó "Yo sólo deseo hacer aquello en lo que estoy interesado". Y respondiendo a "Es demasiado trabajo y molestia" Yo pregunto: " ¿Prefieres trabajar toda tu vida y darle el 50% de lo que ganas a una empresa ó trabajar duro en lo que TU quieres para tu vida durante unos años, para después disfrutar de lo que sembraste el resto de tu vida?". Respecto de la otra afirmación: "Yo sólo hago aquello en lo que estoy interesado", y yo respondo: "Perfecto, elige ahora lo que te apasiona y hazlo tu negocio ".

Me gusta la analogía que usa Robert Kiyosaki para explicarnos la importancia de tener buenos cimientos a la hora de levantar nuestra empresa que la dejaré tal y cual está:

CAPÍTULO 12 **EL GRAN ERROR**

"A menudo utilizo el ejemplo de " La hamburguesa de McDonald's" para aclarar dudas y preguntas que me hacen sobre cómo levantar una empresa y hacerla próspera . Después de escuchar sus palabras, pregunto lentamente: " ¿Puede usted personalmente hacer una mejor hamburguesa que McDonald's?"

Hasta ahora el 100 % de las personas con quienes he hablado sobre sus nuevas ideas o productos han dicho "sí". Todos ellos pueden preparar, cocinar y servir una hamburguesa de mejor calidad que McDonald's. En ese momento les formulo la siguiente pregunta: "¿Puede usted personalmente construir un mejor sistema de negocios que McDonald's?".

Algunas personas ven la diferencia inmediatamente, otras no. Y yo diría que la diferencia consiste en si la persona está fija en tener el mejor producto o se enfoca en el mejor sistema de negocios.

CAPÍTULO 12 **EL GRAN ERROR**

Hago mi mejor esfuerzo para explicar que existen muchos empresarios que ofrecen productos o servicios muy superiores a los ofrecidos por las corporaciones multinacionales mega ricas, de la misma forma en que hay miles de millones de personas que pueden hacer una mejor hamburguesa que McDonald's, pero sólo McDonald's tiene el sistema que ha servido miles de millones de hamburguesas.

Si las personas comienzan a ver el otro lado, entonces les sugiero que vayan a McDonald's, compren una hamburguesa, se sienten y observen el sistema que entregó esa hamburguesa. Tomen nota de los camiones que entregaron la carne cruda, el granjero que crió el ganado, el comprador que adquirió la res y los anuncios de televisión de Ronald McDonald. Adviertan la capacitación de personas jóvenes y sin experiencia con el fin de que digan las mismas palabras ("hola, bienvenido a McDonald's"), así como la decoración de la franquicia, las oficinas regionales, las panaderi-

CAPÍTULO 12 **EL GRAN ERROR**

as que hornean el pan y los millones de kilogramos de papas fritas que tienen exactamente el mismo sabor en todo el mundo. A continuación incluyan a los corredores de bolsa que obtienen dinero para McDonald's en Wall Street. Si ellos pueden comenzar a comprender "la imagen global", entonces tendrán una oportunidad de avanzar.

La realidad es que existe un número ilimitado de ideas nuevas, miles de millones de personas con servicios o productos que ofrecer, millones de productos y sólo unas cuantas personas que saben cómo crear excelentes sistemas de negocios ".

CAPÍTULO 12 EL GRAN ERROR

El mundo está lleno de personas talentosas, y con demasiada frecuencia esas personas son pobres, tienen problemas financieros ó ganan menos de lo que son capaces, no por lo que saben, sino por lo que no saben. Se concentran en perfeccionar sus habilidades al crear la mejor hamburguesa, en lugar de mejorar su habilidad para vender y entregar esa hamburguesa a un mayor número de clientes, con un buen sistema.

Con esto no te vendo la idea de que serás un millonario con una fórmula secreta, ya que el éxito se va generando poco a poco, poniendo ladrillo por ladrillo; con capacitación, perseverancia, conocimiento , mentalidad positiva y demás virtudes que colocándolas constantemente el ladrillo por ladrillo terminará siendo un muro sólido de éxito, 99% es sudor 1% de inspiración. Pero lo que no quieren que sepas es que ese 99% de trabajo duro lo puedes reducir eficientemente con sistemas como lo hace la gente con dinero; ahora te pregunto ¿ Trabajas para el dinero o

CAPÍTULO 13 LOS 3 FUNDAMENTOS DEL PODER

haces que el dinero trabaje para ti?. Hay demasiadas personas ocupadas por preparar la mejor hamburguesa, que descuidan su salud, sus relaciones y hasta sus círculos sociales por la hamburguesa perfecta; no permitas que eso te pase a ti.

Los 3 fundamentos del poder

1.- La frase "No se puede"

Dice Henry Ford *"Si tú crees que puedes, puedes. Si tú crees que no puedes, no puedes. De cualquier forma estás en lo correcto"*. La gente pobre y la gente perezosa utiliza la frase no se puede, porque es más fácil que hacer el "se puede".

Es fácil trabajar duro y no llegar a ningún lado, es fácil apegarse a un trabajo y culpar a tu jefe por no darte el aumento que esperabas, es fácil decir no puedo pagarlo, es fácil decir no puedo hacerlo, es fácil culpar a tu situación,

CAPÍTULO 13 LOS 3 FUNDAMENTOS DEL PODER

a tus hijos, a tu esposa, a tu esposo, a tus problemas financieros pero es mas fácil dejar pasar tus sueños por decir "es más fácil estar aquí ". El único culpable y el único héroe de todo lo que pasas por estos momentos lo ves a diario; en el reflejo de tu espejo.

2.- El poder de lo fácil

La clave para volverse rico es hacer las cosas fáciles. En cuanto tú le muestras a la gente una forma sencilla, beneficiosa y que le mejore su vida, te vuelves rico. Mientras más ayudas a la gente facilitándole la vida, más rico te volverás.

Claro, acompañado de un buen sistema que haga el trabajo por ti, no se trata de ser perezoso sino de trabajar eficientemente para que tu dinero trabaje para ti la mayor parte del tiempo.

Te explicaré con el ejemplo que me dieron; Existe el trabajo lineal y el trabajo exponencial

CAPÍTULO 13 LOS 3 FUNDAMENTOS DEL PODER

en donde todas las profesiones ya sean abogados, doctores, arquitectos, licenciados y demás ocupan este lugar; y todo debido a que se necesita de su esfuerzo físico y de su presencia física para tener un ingreso, puesto que sino van a trabajar simplemente no tienen ingreso.

En cambio en el trabajo exponencial, creas tu sistema empresarial para que opere sin la necesidad de estar físicamente ahí, ¿Crees que el dueño de McDonald´s está supervisando cada establecimiento que tiene en cada rincón del mundo ? Claro que no. En cuanto tengas tu propio sistema operando para ti, puedes copiar el mismo modelo para crear otra sucursal y situarla en un lugar distinto; tu ganancia te permitirá invertir, y tu inversión te traerá más ganancias.

Así es como operar las grandes empresas, las cadenas de restaurantes, las cadenas de hoteles y demás industrias.

CAPÍTULO 13 LOS 3 FUNDAMENTOS DEL PODER

3.- La emoción supera a la inteligencia

Muchas de las veces nos hemos encontrado con oportunidades que parecen sacadas de un cuento de hadas, inversiones tan absurdas que prometen un retorno de dinero por el que ya no trabajaríamos por el resto de nuestras vidas, que nos hacen perder el suelo por el simple hecho de querer creer eso, pero es falso. Cuando predominan nuestras emociones perdemos nuestra racionalidad y hacemos cosas que nunca pensamos hacer, por ejemplo:

Cuando tenemos un pleito con nuestra pareja, el enojo nos hace decir cosas que podrían lastimarla, lo mismo pasa en el business world. Cuando nos emocionamos por una propuesta que nos dan, podemos tomar decisiones de las que nos podremos arrepentir después, quiero decir que para tener una buena lectura de un negocio debes de pensar con la cabeza fría, y si tienes mentores puedes aprender de ellos para diferenciar entre una inversión y una estafa.

CAPÍTULO 13 LOS 3 FUNDAMENTOS DEL PODER

Hay muchos estafadores ahí afuera queriéndose aprovechar de las personas que no saben diferenciar estos dos principios. Aprende a equilibrar tu emoción y tu inteligencia a tu beneficio, esto te traerá oportunidades reales y no metidas de pata. No digo que seas un robot sin sentimientos, sólo que te empeñes en ser más sabio en tus decisiones en lo que al dinero se refiera.

Sé prudente para que tengas más claridad de saber en dónde invertir, ya que has trabajado muy duro en conseguir ese capital para que se pierda en una mala inversión.

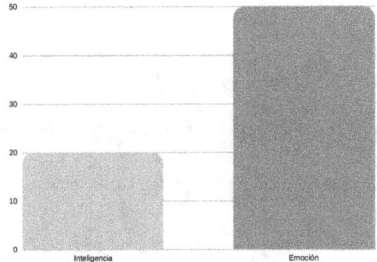 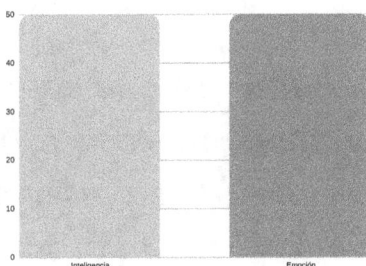

CAPÍTULO 14 LAS LEYES DEL ORO

Las leyes del oro

Un libro que llamó mucho mi atención por los principios que te muestra y las fábulas con las que te los explica cambiaron mi forma de ver el dinero y cómo usarlo; el libro se llama *El hombre más rico de Babilonia*. Encontré unos principios que vale la pena que los conozcas que los dejaré tal cual como los encontré.

La primera ley del oro

El oro acude fácilmente, en cantidades siempre más importantes, al hombre que reserva no menos de una décima parte de sus ganancias para crear un bien en previsión de su futuro ideal de su familia.

-El hombre que sólo reserva la décima parte de sus ganancias de forma regular y la invierte con sabiduría seguramente creará una inversión valiosa que le procurará unos ingresos para el futuro y una mayor seguridad para su familia si llegara el caso de que los dioses le devolvieran a llamar así el mundo de la obscuridad.-

CAPÍTULO 14 LAS LEYES DEL ORO

Esta ley dice que el oro siempre acude libremente al hombre que sabe separar la décima parte de sus ganancias para invertirlo en algo productivo, pues al futuro le dará ganancias. Es fácil de recordar esta ley pero lo difícil es aplicarla en la vida real.

La segunda ley de oro

El oro trabaja con diligencia de forma rentable para el poseedor sabio que le encuentra un uso provechoso, multiplicándose incluso como los rebaños en los campos.

El oro es un trabajador muy valioso. Siempre está impaciente por multiplicarse cuando se presenta la oportunidad, siempre y cuando se le utilice sabiamente.

La tercera ley de oro

El oro permanece bajo la protección del poseedor prudente que lo invierte según los consejos de los hombres sabios.

CAPÍTULO 14 LAS LEYES DEL ORO

Todos hemos pasado por una situación en donde tenemos más dinero del que podemos gastar, ya sea por un buen negocio, la venta de un inmueble, o cualquier otro caso en donde tuvimos una ganancia, cuando sabemos cómo usarlo y en donde usarlo difícilmente nos dejara. El oro se aferra al poseedor prudente, aquel que sigue los consejos de hombres sabios en la hora de negociar para no arriesgar su oro, sino para multiplicarlo. Repite estos dos pasos; prudencia y acción para cuando la oportunidad se te presente.

La cuarta ley del oro

El oro escapa al hombre que invierte sin fin alguno en empresas que no le son familiares o que no son aprobadas por aquellos que conocen la forma de utilizar el oro.

Algunas veces hemos escuchado historias muy atractivas que llegan a seducirnos por la forma en cómo nos las presentan, pero es muy bien sabido que invertir en una negocio o empresa

CAPÍTULO 14 **LAS LEYES DEL ORO**

en donde no tenemos experiencia, muy probablemente tendrá repercusiones en nuestro bolsillo. Toda inversión lleva un riesgo pero eso no nos limita a estudiar detenidamente los riesgos para tener un panorama más completo, y no solo el panorama que nos cuentan. Si conoces a una persona que sabe de inversiones o de empresas, su consejo te será de gran utilidad para que te ayude en tu inexperiencia. Sigue el consejo de quien ya camino por esas veredas.

La quinta ley de oro

El oro huye del hombre que lo fuerza en ganancias imposibles, que sigue el seductor consejo de defraudadores y estafadores o que se fía de su propia inexperiencia y de sus románticas intenciones de inversión.

No te dejes seducir por quien intenta estafarte con la idea de que ganarás millones con una pequeña inversión. Muchas veces también tenemos esa confianza de tener la inteligencia

CAPÍTULO 14 LAS LEYES DEL ORO

para invertir en un negocio "rentable" que no conocemos, pero ese exceso de confianza nos hará creer en fantasías sobre los futuros ingresos casi inimaginables que tendremos; lo que nos emocionará y como ya lo habíamos visto antes nos reducirá la parte de nuestra inteligencia para tomar decisiones. No intento cortarte las alas de donde pretendes invertir o emprender, es más, algunas veces no conocemos por completo el área donde queremos incursionar, es ahí en donde entra nuestro espíritu emprendedor, pero se trata de emprender no de perder.

Un plan para tu libertad financiera deberá incluir sabiduría a través de un mentor, y

deberás estar dispuesto a pagar un precio para obtenerla; tienes dos opciones, la mentoría literaria y la mentoría presencial. Recuerda que una persona inteligente aprende de

CAPÍTULO 14 LAS LEYES DEL ORO

sus errores, pero una persona sabia aprende de la experiencia de los demás.

Hasta este momento hemos tocado temas sobre; lo importante que es el conocimiento del dinero, crear un sistema para que puedes copiarlo y pegarlo en cualquier parte del mundo, las leyes del oro y el por qué no quieren las grandes corporaciones que conozcas el tema del dinero; pero no hemos hablado del por qué debes de volverte sordo y ciego cuando quieras tomar este camino que es la educación financiera.

Te explico, cuando te comiences a adentrar en este tema que es el dinero, por consecuencia lo querrás usar a tu benéfico, que es lo mínimo que espero de ti, ya sea para montar tu primer empresa o emprender esa idea de negocio que llevas en tu mente por tanto tiempo. Pero escucharás de las personas más cercanas a ti que tu idea no es lo suficientemente buena, opiniones negativas, criticas, etc. y no es porque no quieran tu éxito, sino porque no

CAPÍTULO 14 LAS LEYES DEL ORO

entenderán la profundidad del tema como tu ya lo conoces; es ahí cuando debes de volverte sordo o sorda y hacer caso omiso a esos comentarios sobre tu idea. Debes de creer firmemente en ti para seguir adelante.

Por otro lado debes de ser ciego o ciega cuando comiences a ver acciones por parte de las personas que te rodean que interrumpan el crecimiento de tu idea, ya sea, malas caras, ademanes o cualquier 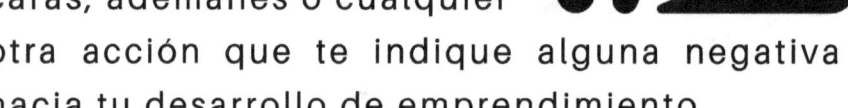 otra acción que te indique alguna negativa hacia tu desarrollo de emprendimiento.

Vas a tener que hacer cambios, y eso implica moverte de un ambiente erróneo. Mueve tu vida a un entorno en donde puedas aumentar tu inteligencia con el dinero, y rodearte de personas que te impulsen a superarte a ti mism@ para llegar a tu siguiente nivel.

CAPÍTULO 15 UNA VISIÓN PANORÁMICA

Una visión panorámica

Vivimos en un nuevo capitalismo en donde los que ahorran cada vez se vuelven más pobres porque su dinero no trabaja para ellos, en cambio los que invierten constantemente reciben ingresos superiores a su inversión inicial. Esto es porque al momento en que ponemos dinero en el banco, nuestro dinero se estanca como el agua y no lo dejamos fluir como debería de ser naturalmente; con inversiones. Pongamos un ejemplo para poder entender mejor esta idea.

Supongamos que dejamos en el banco $ 2000 (tu moneda local) por 7 años, cuando queramos ese dinero de vuelta ya no tendrá el mismo valor como cuando lo depositamos por primera vez, porque pasamos por inflaciones, que es el aumento de precio de todos los productos y los servicios al paso del tiempo, sin contar las devaluaciones que sufre nuestra moneda; es más lo podemos ver en nuestros días, ya no nos alcanza el mismo sueldo que teníamos hace tiempo para comprar los mismos

CAPÍTULO 15 UNA VISIÓN PANORÁMICA

productos y servicios como lo hacíamos antes. El ahorrar por largo tiempo no es una opción viable si quieres generarte dinero, porque los ahorradores juegan a no perder y al final terminan perdiendo.

En cambio si inviertes tu dinero, éste te regresará tu inversión y una ganancia, sino no sería negocio. Algo que los bancos no hacen por ti, pero ellos en cambio si lo hacen a su beneficio; invierten el dinero de todas las personas que están con ellos, y lo usan para dar prestamos hipotecarios, prestamos automotrices, uso de efectivo por medio tarjetas de crédito, pólizas de seguros, entre otras herramientas que tienen para generarse dinero con nuestro dinero. ¿Te estás dando cuenta de lo que está sucediendo?. Esto pasa una y otra vez, el ciclo nunca se detiene y lo podemos ver desde el número de transacciones que puede hacer sólo un banco para sus clientes, y estaríamos hablando de cantidades enormes de dinero.

CAPÍTULO 15 UNA VISIÓN PANORÁMICA

No quiero que tomes una postura de rebelión contra el capitalismo, ni mucho menos la idea de una posible conspiración que existe entre los bancos del mundo para controlar a la población, esa no es mi intención. Mi intención real es mostrarte que puedes copiar y pegar lo que los bancos hacen para generarse su dinero, que es invertirlo. Si ellos pueden hacerlo ¿Por qué no usar su mismo sistema a tu beneficio?.
 La solución está en que debes de crearte tu propio negocio y seguir invirtiendo, pero debes hacerlo sabiamente.

Por otro lado muchas personas me han preguntado ¿Cómo puedo volverme rico? O cualquier otra pregunta relacionada con ganar dinero. Y les contesto con 2 respuestas : Con pasión y con educación financiera.

La mayoría de las veces siempre se los explico de éstas dos formas; supongamos que por querer ganar dinero te encuentras

CAPÍTULO 15 UNA VISIÓN PANORÁMICA

en un trabajo que puede cubrir tus gastos, pero te aburres estando ahí, odias estar ahí, y puede ser que el motivo sea por tu jefe, por tus compañeros, o simplemente porque la atmósfera no te agrada. Sólo vas a trabajar para obtener lo que quieres; tu dinero, pero sin darte cuenta estás viviendo una vida en automático, porque no tienes esa chispa que te haga hacer las cosas con entusiasmo, esa pasión que se necesita para incluso levantarse con un buen humor porque en pocas horas estarás haciendo lo que más te gusta.

No mates tu pasión y tus sueños por una seguridad económica, emprende tu negocio en lo que más amas hacer, y en poco tiempo te darás cuenta que no es un trabajo para ti. Esa es la primera condición para volverte rico, crea tu empresa de lo que amas hacer, ver, vivir o relacionarte. Cambiar tus sueños por un sueldo, al final no vale la pena y vivir una vida definida en función de la cantidad que ganas no es vivir, es sobrevivir a tus sueños.

CAPÍTULO 15 UNA VISIÓN PANORÁMICA

La segunda condición es tener cimientos muy sólidos. Cuando estaba escuchando las noticias hablaron de un caso que me llamó mucho la atención, hablaron de un boxeador que habían abatido a todos sus rivales y conquistó a muy temprana edad varios títulos de campeonatos ganados, lo que le trajo mucha fama y dinero, pero al cabo de unos años lo fue perdiendo todo por malos manejos de su representante, robos por parte de su contador, amigos que sólo lo perjudicaron e infinidad de fiestas.

Todo eso lo llevó a un punto de pobreza que lo obligaba a pelear una vez más, pero ni su salud ni su cuerpo se lo permitían, además que el consejo de boxeo ya  no quería patrocinar ninguna pelea de él, por motivos de su edad y por posibles demandas por su salud, lo que lo dejó sin ninguna posibilidad para recuperar lo perdido.

CAPÍTULO 15 UNA VISIÓN PANORÁMICA

¿Cuántos boxeadores, celebridades, artistas, deportistas ó personas comunes no hemos visto pasar por una situación similar, ya sea por un negocio, un trabajo o golpes de suerte?.

Analicemos esto desde el punto de educación financiera. Cuando se construye un rascacielos, primero se hacen sus cimientos, y esto incluye escarbar a una profundidad igual a la altura que tendrá el rascacielos; así no se correrá el riesgo de que se derrumbe por los cimientos tan profundos que lo soportan.

Lo mismo pasa con el dinero, ¿De que nos sirve tener un rascacielos de dinero, si nuestros cimientos, ósea nuestro conocimiento no es tan profundo ?, pues lo derrumbaría cualquier brisa. Nuestros conocimientos son el punto de partida para construir todo lo que queramos, porque sino los tenemos da igual la altura que tendrá nues-

CAPÍTULO 16 NO SEAS ESCLAVO DEL DINERO

tro rascacielos, tarde o tempranos se caerá. Nuestra educación financiera; la materia prima de nuestros cimientos.

No es tan importante cuánto dinero tienes en este momento, sino cuánto puedes conservar para ti y tus generaciones.

Si el dinero no trabaja para ti entonces eres un esclavo del dinero

Muchas veces hemos escuchado historias acerca de personas que conocemos que tienen su propio negocio, tiendas, agencias consultoras, consultorios médicos, barra de abogados, restaurantes, farmacias, etc. Pero quiero que analices esos casos más minuciosamente.

Por poner un ejemplo tomaremos el caso de un doctor. Éste doctor por obviedad es una persona estudiada, ya que no por nada tiene su título de doctor, y éste tiene su "propio negocio"; su consultorio. En donde vaya la

CAPÍTULO 16 NO SEAS ESCLAVO DEL DINERO

redundancia da consultas médicas. A simple vista se ve como una persona con solvencia ¿no?, pero si analizamos este caso descubriremos que sólo es un esclavo más del dinero.

Como el título de este apartado lo dice "Si el dinero no trabaja para ti eres su esclavo", el doctor no tiene su ingreso si no abre su consultorio y debe de estar físicamente ahí para dar consultas, lo que lo hace un trabajador más de "su propio negocio".

El concepto de ganar dinero de los ricos se basa en que el sistema de sus negocios les dan dinero sin la necesidad de estar físicamente ahí. En cambio si el doctor no llegara a abrir su consultorio, el dinero dejaría de correr a su bolsillo. Un rico si decide no ir trabajar, no importaría, porque su negocio seguiría dándole ingresos.

CAPÍTULO 17 LA EDUCACIÓN FINANCIERA

¿Ves que fácil ?, pero ¿Por qué algo tan simple de escuchar causa tantos problemas financieros a todo tipo de personas, ya sean profesionistas y no profesionistas ?, sencillamente porque no conocen la diferencia entre un activo y un pasivo.

Los principios de la educación financiera

Te pido disculpas si estudias la carrera de contaduría, pero la resumiré en dos simples términos para que la gente que no está relacionada con esta área, entienda como los ricos la usan para su beneficio financiero; activos y pasivos. Estos son los 2 términos que necesitas saber para entender como ven los ricos el juego del dinero.

Un activo = lo que genera dinero en tu bolsillo.

Un pasivo = lo que genera gasto a tu bolsillo.

CAPÍTULO 17   LA EDUCACIÓN FINANCIERA

Es muy sencilla esta terminología y explica muy bien el juego del dinero, el juego al que aún no estamos invitados a jugar, pero ¿Por qué aún conociendo lo fácil que es, no lo empleamos en nuestra vida ? Porque no sabíamos que estábamos jugando el juego del dinero y nadie nos explicó sus reglas, por lo que hasta este momento fuimos perdiendo, pero eso se acabó.

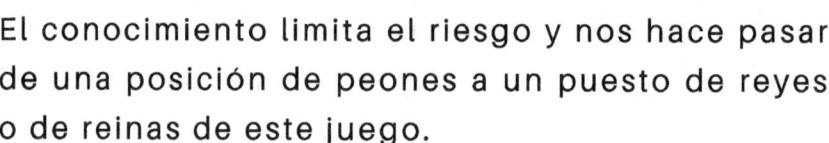

El conocimiento limita el riesgo y nos hace pasar de una posición de peones a un puesto de reyes o de reinas de este juego.

Si sabemos distinguir bien la diferencia entre los activos y pasivos llevaremos la mitad del camino recorrido, porque es muy común confundirlos cuando aun estamos en proceso de aprender. ¿Cuántas personas no conoces que tienen autos, ropa, hacen constantemente viajes y tienen todo un clóset lleno de zapatos o bolsos?. La mayoría de las personas cree que la cantidad de prendas u objetos son un activo, pero no lo son.

CAPÍTULO 17 LA EDUCACIÓN FINANCIERA

Por ejemplo; mucha gente tiene una idea errónea sobre adquirir autos, piensan que es un activo, porque cuando tengan problemas financieros los pueden vender y salir del apuro, pero la verdad es que no lo son. Un auto se va depreciando, ósea va perdiendo su valor original del que lo obtuvimos con el paso del tiempo, y sin contar que nos implica un gasto si lo usamos, ya sea la gasolina, su mantenimiento y los permisos que por ley debemos de cubrir

para poder transitar. ¿Te das cuenta de que no es un activo como tal ?. En cambio si lo usamos como un medio para tener un ingreso extra, ya sea que busquemos un chofer y que éste se encargue de darle un uso de transporte como un taxi, lo convertimos de un gasto a un activo.

Los ricos entienden ésta diferencia perfectamente y saben que para darse esos lujos que quieren, ya sea en autos, casas, viajes, yates y demás; deben

CAPÍTULO 17 LA EDUCACIÓN FINANCIERA

de generarse activos. Activos en papel (acciones de la bolsa), en bienes raíces o en negocios; esos son verdaderos activos que te dejarán dinero constantemente ósea te darán un flujo de efectivo.

Hasta este momento tenemos en claro que para salir de la zona pobre, debemos de adquirir cuantos activos podamos para costearnos una vida de lujos si así lo buscamos.

Regla número 1: Saber diferenciar entre un activo y un pasivo.

Debes saber la diferencia entre un activo y un pasivo, y deberás adquirir el mayor número de activos que puedas. Si deseas ser rico, eso es todo lo que necesitas saber porque es la única regla verdadera.

Cuando me refiero a crearte activos no quiero decir tengas 3 o 4 trabajos para poder tener esos 3 o 4 sueldos, ya platicamos antes sobre

CAPÍTULO 18 EL ACTIVO Y EL PASIVO

este tema "no queremos ser esclavos del dinero", al contrario se trata de tener 3 o 4 empresas, las cuales te estén generando ingresos mientras no estés ahí físicamente para que sigan funcionando, porque los sistemas que implementaste hacen que esas empresas trabajen solas y para ti.

Comienza por atender tu propio negocio o conserva tu empleo, esto es para tener buenos cimientos financieros y poder separar un poco de dinero para poder invertirlo después. Ya cuando estés listo y con la certeza de dónde invertirlo, comienza a adquirir activos verdaderos y no pasivos ni efectos personales que no tienen valor real una vez que están en tu casa.

Muchas veces compramos cosas que no necesitamos con dinero que no tenemos para presumirle a personas que no les interesamos.

Regla número 2: Conocer el cuadrante del flujo del dinero.

Unos de mis primeros autores y estoy seguro que él de muchos también, fue Robert Kiyosaki autor del libro "Padre rico padre pobre". Abriendo un paréntesis muy rápido en este apartado, déjame decirte que cuando terminé de leer su libro me voló la cabeza literalmente. Tenía tanta lógica lo que decía sobre las nuevas reglas del dinero y las posiciones que cada uno tenemos en este juego, que sería un grave error no contártelas; te las resumiré con lo que el nombra "El cuadrante del flujo del dinero".

La parte izquierda del cuadrante le pertenece a dos rubros, en la parte superior se encuentran

CAPÍTULO 19 CUADRANTE DEL FLUJO DEL DINERO

los empleados (representados con la letra "E") y en la parte inferior se encuentran los auto empleados (representados con la letra "A").

En el cuadrante "E", que es de los empleados, encontramos a todas esas personas que pertenecen a una corporación, institución, empresa, o cualquier otra entidad que les ofrezca un sueldo a cambio de su tiempo y esfuerzo. Y no importa lo bien pagado que pudieran llegar a ser, ya sea que estés en un puesto de asistente, jefe, gerente o director porque todos se rigen por un factor en común; un sueldo. No hay nada de malo en eso, quiero ser muy puntual, pero hay 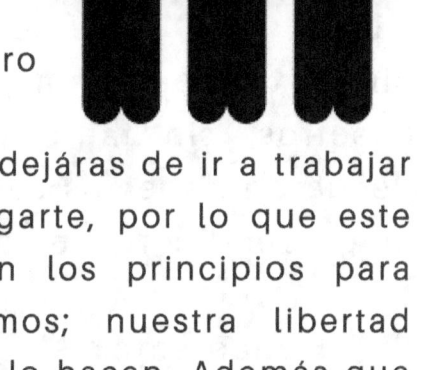 un problema, y es que si dejáras de ir a trabajar tu ingreso dejaría de llegarte, por lo que este apartado no cumple con los principios para alcanzar lo que buscamos; nuestra libertad financiera como los ricos lo hacen. Además que el ir a trabajar es un esfuerzo constante para

CAPÍTULO 19 CUADRANTE DEL FLUJO DEL DINERO

enriquecer a otro, la empresa o al dueño de ella.

No te haces rico trabajando paara otra persona, te haces rico cuando ocupas el tiempo y el esfuerzo de alguien más para el crecimiento de tu dinero. No te pido que seas un dictador para que la gente trabaje como esclava a costa de tu crecimiento financiero, no es eso, lo que quiero decir es que trabajes en tus sueños o alguien te contratará para que trabajes en los suyos.

Es muy honesto y leal pertenecer a este lado del cuadrante porque nos ganamos nuestro ingreso con esfuerzo, pero debemos de ser mucho más inteligentes para que nuestro dinero trabaje más eficientemente para nosotros, sin tanto esfuerzo de por medio. Recuerda debemos ser buenos jugadores en el juego del dinero y no sus esclavos.

En el cuadrante "A", le pertenece a los auto-empleados. Son todas aquellas personas que cuentan con un negocio propio pero que aún

CAPÍTULO 19 CUADRANTE DEL FLUJO DEL DINERO

no entienden el juego del todo, porque siguen siendo esclavos del dinero.

Te explico, tomemos el ejemplo de un dentista. Cuando un dentista abre su consultorio se estará creando su propio ingreso, pero deberá estar dando consultas y citas de emergencia a sus pacientes si quiere seguir recibiendo su dinero; lo que lo hace todavía esclavo del dinero, con la diferencia de que no trabaja para nadie más sino para si mismo, pero si dejara de trabajar dejaría de recibir sus ingresos, lo que lo ata de forma invisible a su propio negocio. Los auto-empleados cometen regularmente un error muy grave y muy común, que no los deja crecer en el ámbito del dinero debido a esta mentalidad porque tienen la idea de que pueden hacerlo todo , y es: "Sólo yo puedo hacerlo así, bien ", "No confío en que lo hagan con la misma calidad y de la misma manera que yo lo hago".

CAPÍTULO 19 CUADRANTE DEL FLUJO DEL DINERO

Por supuesto que le debemos de tener amor y pasión a nuestro negocio; la calidad, el trato y la forma en que se deben hacer las cosas son sumamente importantes, pero debemos de adquirir un pensamiento igual al de los ricos para tener los mismos resultados.

Este lado del cuadrante "A" es donde la mayoría de nosotros nos encontramos, y no es porque no queramos superarnos sino porque no tenemos los conocimientos para poder llegar al siguiente nivel, la libertad financiera. Muchos somos profesionistas o hemos montado negocios, ya sea cafeterías, restaurantes, talleres para enseñar un tema que dominamos, farmacias, salones de eventos, etc. Trabajamos para nosotros mismos, eso si, bien remunerados pero todavía esclavos. Te lo pondré así de sencillo, si puedes alejarte de tu negocio por 3 meses, y con esto me refiero a que ni siquiera pongas un pie en tu negocio, y aun así seguir recibiendo tu dinero mes tras mes, estarás jugando el juego del dinero como lo hacen los ricos.

CAPÍTULO 19 CUADRANTE DEL FLUJO DEL DINERO

En el cuadrante "D" encontramos a todos los dueños de negocios, este es el lugar en donde debemos de situarnos, aquí es donde los ricos se encuentran porque es en donde está la libertad financiera , la libertad de tiempo y todo a un mínimo esfuerzo.

Todos los dueños de negocios han invertido su tiempo en su mente para hacer crecer sus activos, porque tus ingresos crecerán hasta donde haya crecido tu mente; así de sencillo es.

Los dueños de negocios se caracterizan del resto por cómo usan su mente para generarse dinero, usan el tiempo de otras personas y sus esfuerzos para que trabajen para él. Todo es por un bien común, los trabajadores aportan su parte a cambio de un salario para que la empresa siga funcionando, y el dueño se encarga de que todo funcione correctamente,

CAPÍTULO 19 CUADRANTE DEL FLUJO DEL DINERO

siendo el director de una orquesta bien sincronizada para interpretar cualquier melodía.

Quiero que te preguntes honestamente si tienes un negocio propio, ¿Realmente eres dueño? Ser dueño es dejar que manejen y dirijan otras personas tu negocio sin tu presencia, porque si tienes que trabajar ahí deja de ser negocio y se convierte en un empleo.

No quiero que desatiendas tu negocio sino que lo sistematices al punto en el que suplas el trabajo duro con el trabajo inteligente.

En el cuadrante "I" se encuentran todos los inversionistas, el punto más alto en lo que a inteligencia financiera se refiere. Este tipo de personas son el 10% de la población mundial que controla el 90 % del dinero del mundo.

Te estarás preguntando, pero ¿Qué hacen para estar en este cuadrante? bueno ellos tienen la

CAPÍTULO 19 CUADRANTE DEL FLUJO DEL DINERO

firme idea de que el conocimiento es su nuevo dinero y usan ese conocimiento acompañado de su inteligencia para generarse rentas, regalías, arrendamientos, inversiones, mercado capital, intereses y empresas. Hasta este punto ellos se apalancan de sus trabajadores y de sus jefes, gerentes o encargados para que sólo les den cuantas de los ingresos de la compañía mes por mes, y esto lo logran con los sistemas que crearon, para que la empresa funcione por si sola sin la necesidad de que estén físicamente ahí. Volvemos al caso del dueño de McDonald´s, él no está en cada restaurante alrededor del mundo, en cambio, creó un sistema para que funcionara sin la presencia de él.

Otro punto muy importante que los ricos tienen, es que no hacen gastos innecesarios, no te diré que no debas darte gustos de vez en cuando, porque ¿Qué sería de la vida si no se disfrutara?

CAPÍTULO 20 **HÁBITOS BUENOS**

pero antes de gastar en un gusto ya sean carros, yates, casas y demás; ya están pensando en crearse un nuevo activo para que éste les pague lo que quieren. Cuando por fin consiguen sus viajes, ropa, autos, etc. También se habrán creado un activo más que les seguirá generando ingresos.

Para cada cuadrante hay un tipo de persona. Elige tu en que lado del cuadrante quieres estar.

Regla número 3: Créate buenos hábitos.

Esto no es una carrera por llegar a ser dueño o inversionista rápidamente, se trata de ir paso a paso, porque bajo las experiencias y errores que cometamos en nuestro camino es como aprenderemos mejor. Muchas veces queremos correr incluso antes de empezar a dar el primer paso, algo que no nos beneficiará a largo plazo, porque es como cuando queremos bajar rápido esos kilitos de más que tenemos.

CAPÍTULO 20 **HÁBITOS BUENOS**

Primero vamos al gimnasio y corremos 2 horas diarias, hacemos 1 hora de ejercicio y nos morimos de hambre con una dieta en la que solo podemos comer ensalada. No te extrañaría que te dijera que este tipo de rutina la seguiríamos por un máximo de 2 meses, y esto es porque no estamos acostumbrados a una vida saludable tan repentina. Es normal romper una acción que no hay formado parte de nuestro hábito.

Por otra parte si cambiamos nuestra alimentación con frutas y verduras, hacemos ejercicio moderadamente, pero regularmente y evitamos la comida chatarra; la perdida de nuestro peso se verá reflejada.

La salud física puede ser un reflejo de quienes somos en nuestras finanzas, porque una sana alimentación y ejercicio constante, mostrarán nuestra perseverancia hacia un cambio duradero, en lugar de un cambio repentino.

CAPÍTULO 20 HÁBITOS BUENOS

Lo mismo pasa cuando queremos llegar al éxito, ponemos todo nuestro esfuerzo, energía y concentración en esa idea millonaria, y eso está muy bien quiero recalcarte, pero debemos de tener en cuenta que los ricos se hacen de buenos hábitos, que sumados son los que los llevarán al éxito. Esto incluye capacitación constante, lectura, audio libros de desarrollo personal, conferencias, talleres y demás actividades que los ayudan a ser mejores constantemente. Los ricos no pecan de saberlo todo porque siempre hay algo nuevo que aprender y no te imaginas las cosas que puedes aprender de las personas que menos esperas.

Los hábitos son los cimientos que colocas para construir tu estabilidad financiera, sino ¿Cómo explicas la construcción de las obras arquitectónicas más grandes del mundo ? pues colocando ladrillo por ladrillo.

CAPÍTULO 20 **HÁBITOS BUENOS**

Créate hábitos que te hagan una mejor persona, trata de aprender algo nuevo todos los días, lee libros que te ayuden en tu desarrollo personal y en tu inteligencia financiera; no leas cosas que no te aporten nada como; revistas de chismes, artículos amarillistas o historietas cómicas. Tu tiempo es tan importante que lo estarías matando en fijar tu atención en cosas tan banales. La diferencia entre la gente rica y la que no lo es, está en cómo invierten su tiempo.

El 90% de la población del mundo no tiene buenos hábitos que los hagan mejores personas y es por eso que sus ingresos forman parte del 10 % del dinero del mundo, pero por otra parte, el 10% de la población del mundo tiene la firme idea de que la auto educación es la clave para la inteligencia financiera, son las que sus ingresos forman el 90% del dinero del mundo. Es mentalidad, es constancia, es perseverancia, es capacitación continua, son buenos hábitos y sobre todo actitud.

CAPÍTULO 20 **HÁBITOS BUENOS**

Las compañías de grandes marcas de autos lujosos saben que no es negocio para ellos hacer comerciales de sus autos en televisión, porque saben que sus clientes no son los que ven televisión, tiene bien en claro que quienes compran carros deportivos de lujo no pierden su tiempo viendo comerciales de televisión sino que están aprendiendo todos los días algo nuevo para que les genere un activo más. La gente rica adquiere grandes bibliotecas, las que no lo son adquieren grandes televisores. Teniendo hábitos saludables tendrás finanzas saludables.

> El éxito financiero no se mide en dar zancadas grandes, si no en dar la mayor cantidad de pasos firmes.

Un recordatorio

Eh estado hablando hasta este momento de los ricos y de los pobres, pero quiero ser muy claro con respecto a esto, tener una libertad financiera no tiene mucho que ver con ser rico, porque la libertad financiera es la capacidad de disponer en todo momento de un ingreso superior a tus gastos para poder vivir bien y esto no implica que tengas yates, carros de lujo o costosas mansiones; puede ser que solo tengas la solvencia para liquidar tus deudas, pero es así como se 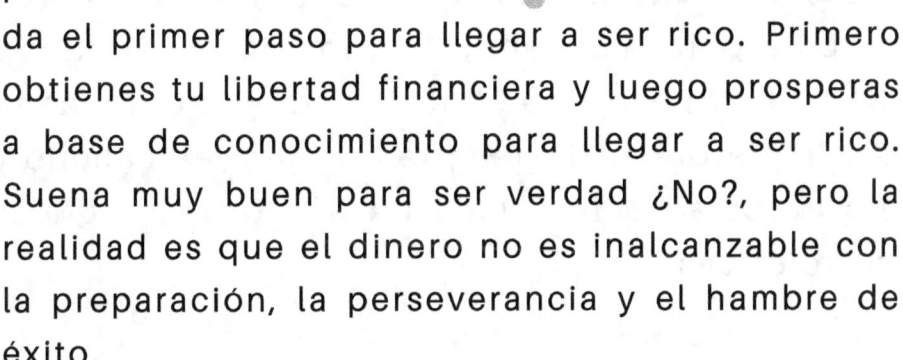 da el primer paso para llegar a ser rico. Primero obtienes tu libertad financiera y luego prosperas a base de conocimiento para llegar a ser rico. Suena muy buen para ser verdad ¿No?, pero la realidad es que el dinero no es inalcanzable con la preparación, la perseverancia y el hambre de éxito.

CAPÍTULO 21 **UN RECORDATORIO**

La libertad financiera puede significar una cantidad de dinero muy diferente entre una persona con otra, porque cada quien tiene diferentes gastos; ya sea para que paguen sus deudas, darle a la familia ese viaje que tanto merece, pagar el crédito que pediste desde navidad etc. Lo que es verdad es que tu decides la cantidad en donde te consideres libre financieramente hablando, tú y nadie más que tú. Sería ilógico hablar de ser rico y millonario si aun no hemos empezado con lo básico que es conseguir tu propia libertad financiera, porque para llegar a ser rico solo sería un paso más una vez que la consigues, ya que comenzarás a buscar en dónde invertir tu dinero para que trabaje para ti. Cuando la consigas te suplico ¡ NUNCA PARES ! que el hambre de éxito nunca te sacie, pero eso si, siempre por el buen camino y no a costa de negocios turbios o de prácticas poco éticas.

Hay demasiada abundancia en el mundo para todos, y sería egoísta no compartir ésta información de desarrollo, comenzando primero

CAPÍTULO 21 **UN RECORDATORIO**

con las personas y después con sus finanzas.

Déjame decirte que muchas personas me han contado sus historias de emprendimiento y de cómo llegaron a su propio éxito, que me hicieron llegar a una conclusión; las personas que han pasado por momentos difíciles en algún momento de su vida, ya sea por despidos, falta de trabajo, problemas económicos, fracasos, racismo, subestimaciones y muchas otras situaciones similares, son las que marcan la diferencia porque saben lo que es estar abajo y su persistencia por querer salir de ese hoyo los hace esforzarse aun más por querer salir adelante. Es ahí donde se asoma la creatividad, el coraje, la innovación y la fortaleza mental que cada uno poseemos, porque todos fuimos bendecidos con talentos y no hay nadie que diga "Yo no tengo ninguno" porque aún el más simple de ellos bien encaminado nos puede beneficiar. Todos pasamos por momentos difíci-

CAPÍTULO 21 UN RECORDATORIO

les, nunca llegará nuestro momento perfecto para hacer las cosas, nosotros creamos nuestros perfectos momentos.

Todos queremos tener dinero pero ¿Qué harías si tuvieras un millón de dólares en este momento?, probablemente pagarías deudas, es mas hasta yo lo haría; después disfrutarías una parte con los que mas quieres, eso es importante pero ¿Después que? ¿Realmente lo invertirías? ¿En dónde lo invertirías?.

Debes de trabajar en tu mente, invertir en ella y actualizarte constantemente porque para ser libre financieramente primero debes de volverte sabio con el dinero, para que cuando te llegue tu oportunidad la sepas aprovechar. Como lo habíamos visto antes con el ejemplo entre los que tienen dinero por la suerte de la lotería y los que se educan para incrementar sus oportunidades. No olvides que nos llaman locos…. Hasta que nuestra idea nos comienza a generar dinero.

Ventas - parte esencial del éxito.

El secreto para tener una vida próspera y si problemas financieros; es vender. Tal vez la idea de vender o de ser vendedor no te sea muy bienvenida porque viola algunas creencias profundas que muchas personas y profesionistas tienen acerca de "No estudié una carrera para ser un simple vendedor", pero la realidad es que vender es el único camino seguro para generarte ingresos.

De nada servirá que seas muy bueno en lo que haces si la gente no te lo compra, hasta un dentista que sea el mejor en su área, sino sabe venderse a sí mismo no podrá tener sus ingresos. Todo el tiempo nos estamos vendiendo y ni siquiera nos hemos dando cuenta, por ejemplo; la  primera vez que te gustó un chico o una chica, de alguna manera tuviste primero que llamar su atención, después mostrarle el valor que tienes

CAPÍTULO 22 LAS VENTAS

pongan en frente, pero otras no venden ni el agua en tiempos sequia, no te alarmes yo fui una de esas personas también. La verdad soy una persona sociable pero en cuanto tenía que vender algo, no sé que le pasaba a mi mente pero se bloqueaba, no sabía que decir ni que hacer porque tampoco asociaba lo que decía con lo que pensaba decir; era un fracaso en pocas palabras.

Pero actualmente vivimos en un mundo de información, en donde todo lo que buscamos lo tenemos a solo un click, y hasta de forma gratuita. El que no pueda vender ahora no es porque no pueda, si no porque no quiere, en YOUTUBE puedes aprender de tutoriales para prospectar clientes, aprender cómo hablarles, despertar su interés y hasta cerrar una venta. Actualmente tenemos acceso a todo tipo de información y combinándolo con una buena actitud podemos llegar a hacer cosas inimaginables.

CAPÍTULO 22 LAS VENTAS

Poco a poco fui aprendiendo el mundo de las ventas y lo fui incorporando a lo que me gustaba, la verdad de esto, es que no es difícil si tienes las ganas de hacerlo. Mejora tus habilidades tomando cursos, talleres y hasta conferencias acerca de cómo saber vender eficazmente.

De nada nos sirve ser buenos en lo que hacemos si no lo podemos vender, porque podemos tener la mejor calidad y la mejor presentación que nuestra competencia, pero si no tenemos ventas no hay negocio. Sin ventas no hay clientes y sin clientes no hay DINERO.

Aún teniendo la mejor temporada en cualquier negocio, empresa o compañía existirá la crisis, no quiero ser agua fiestas pero si muy realista, y es ahí donde deberás actualizarte y reinventarte para vender mejor y más. En crisis, vender con imaginación es la clave. Y no consideres la palabra vender como una palabra

CAPÍTULO 22 LAS VENTAS

vulgar, hazla tu mejor aliada para conquistar todo lo que te propongas obtener.

Si no sabes por dónde comenzar, existen varios libros que me ayudaron mucho y que te puedo recomendar para que inicies tus primeros pasos. Hay un libro que se llama "Vendedores perros" de Blair Singer, "Véndele a la mente, no a la gente" y "Estamos ciegos"; estos dos últimos son de un reconocido conferencista de ventas llamado Jürguen Klarić, que en lo personal te puedo decir que tiene información muy interesante acerca de la relación de las ventas con la psicología; el neuromarketing. No te quiero contar mucho acerca de ellos para no quitarte esa curiosidad por saber lo que dicen, pero son una base importante de información para aquellos que quieran aprender a vender.

Por supuesto que hay muchos más pero es tu camino descubrirlos, yo sólo te sugiero la dirección que te podría beneficiar, tu parte es caminar el que más te convenga.

CAPÍTULO 23 **LA DEUDA**

La deuda.

Las deudas no son necesariamente malas, lo que resulta altamente peligroso es que no sepas usarlas a tu beneficio.

Las personas con poco conocimiento de educación financiera adquieren deudas de todo tipo como ya lo habíamos visto, compran viajes, regalos, autos, casas, etc. y está bien no haya nada de malo con eso, como dicen "Una vez al año no hace daño " pero lo que si hace daño es que esas deudas sobrepasen tu ingreso a un punto que ya no puedas liquidarlas. Eso si hace daño.

Dime ¿Quién no ha ocupado una tarjeta de crédito para poder darse ese viaje que tanto esperaba para salir de la rutina laboral y del estrés? Todos y yo me incluyo, necesitamos también tiempo para nosotros, para mimarnos o consentirnos con ciertos lujitos de vez en cuando, pero se nos hace muy amargo tener que pagar las cuentas después de un viaje bien

CAPÍTULO 23 **LA DEUDA**

merecido, cuentas que se extienden hasta 1 año en cuotas cómodas pero muy incómodas por el hecho de que te descuentan mes con mes.

Existe un tipo de deuda que te puede generar un activo, se llama la deuda buena, y es la deuda que todo hombre y mujer con inteligencia financiera usa, porque se apalancan con ella. El apalancarte te permite usar el dinero de otras personas (DOP, Dinero de Otras Personas) para crearte un ingreso, en este caso usamos el dinero del banco pero también puedes levantar capital buscando inversionistas que puedan invertir en tu idea.

Vamos a ver un ejemplo de deuda buena para que nos quede un poco más claro cómo podríamos usarla. Supongamos que usas tu tarjeta de crédito para comprar una piscina infantil

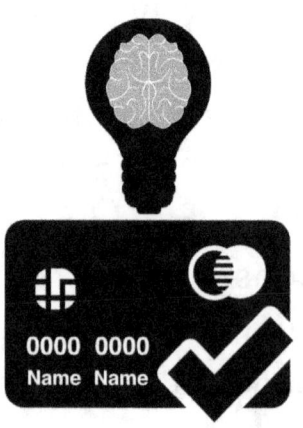

CAPÍTULO 23 LA DEUDA

porque quieres que tus hijos jueguen en ella, pero se te ocurre una idea para que ésta se pague por si sola, la rentas a tus vecinos por una módica cantidad. Al final habrás liquidado la deuda de la piscina y te habrás hecho de un activo que puedes rentar a tus vecinos cuantas veces quieras.

Otro caso muy usado es el de la empresa UBER, una empresa que brinda un servicio de trasporte por medio de una plataforma digital. Básicamente si buscas un taxi, ésta empresa tiene como socios a personas con autos que te pueden llevar a adonde tu quieras de un forma muy segura y limpia, pero sobre todo a un bajo costo. Hasta parece que me pagaron por darle publicidad a esta empresa jajaja.

Bueno una forma de usar una deuda buena con esta empresa y que muchas personas están haciendo, es tramitar el crédito de un auto a módicas mensualidades, para que después contrates a

CAPÍTULO 23 LA DEUDA

una persona que trabaje el auto usando a ésta empresa. Cuando comiences a recibir tus ingresos después de haber cubierto el sueldo de tu trabajador y los gastos que implican el auto, puedes pagar con ese rendimiento el crédito que pediste por el auto. Si hiciste una buena administración te podrá quedar un poco de esa ganancia ya cubriendo a tu trabajador, los gastos del auto y el crédito, porque los pagos mensuales del crédito son menores a lo que tu recibes por el uso de tu auto. Podrás decir "¿Qué caso tiene pedir un crédito de un auto nuevo si la ganancias es muy poca después de cubrir los gastos que implican?" No necesariamente, he escuchado casos que terminan de pagar el crédito del auto que pidieron en un año y medio, y después reciben sus ingresos libres de crédito. Es mas, hay gente que tiene hasta 2, 3, 4, 5 ó hasta 6 autos porque aprendieron a apalancarse con el dinero de otras personas.

Tal vez seas de esas personas que tienen en mente su empresa ideal con una idea millonaria

CAPÍTULO 23 LA DEUDA

pero te falta dinero para poder hacerla realidad; te sugiero que desarrolles tu idea con un proyecto que pueda ser presentando a los bancos o a inversionistas con un modelo de negocio y todo lo que implica un proyecto bien estructurado para que puedan ver la oportunidad de negocio como tu la ves.

Seamos realistas debes de hacerlo a conciencia porque ¿Invertirías en una idea de negocio si le encontraras fallas ? Claro que no. Pongámonos en los zapatos de quienes tienen el dinero, a nadie le gusta perder su dinero y tu no eres la excepción, resuelve sus "pero", sus dudas e inquietudes y dales las razón del por qué invertir contigo. Existen hasta programas que se dedican a impulsar el emprendimiento por medio del gobierno, no estaría mal echar un vistazo para ver los requisitos. ¡¡ Ánimo !! existen oportunidades en todos lados, solo es cuestión de buscarlas.

Una Nota

Tocando el tema de las tarjetas es posible poderles sacar un beneficio a tu favor, pero debes saber que no es una extensión de ingreso, es un préstamo que tienes que pagar con los respectivos intereses, y te pueden ayudar si las sabes ocupar ó te pueden destruir sino tienes una buena administración. Las tarjetas son un arma de doble filo, te pueden hacer las cosas más fáciles o te pueden herir gravemente.

No pierdas de vista que el principal responsable del buen o mal uso de tu tarjeta de crédito eres tú. Comúnmente gastamos más de lo que podemos pagar, pero ¿Por qué lo hacemos ? por una palabra; crédito. Asociamos esta palabra con una idea que opera en nuestras mentes de una forma subliminal, y la interpretamos como " Compra todo lo que puedas " .

CAPÍTULO 24 NOTA

Recuerdo un caso muy cotidiano, y no dudo que sea yo el único, porque cuando no tenemos esa educación con el dinero cometemos errores que pueden dañar muy gravemente a nuestras finanzas. El caso es que usamos el crédito de una tarjeta para pagar los gastos de otra ó usamos la tarjeta de crédito para pagar algunos gastos fijos que tenemos como el agua, la luz, el internet , el alquiler, etc. No digo que nunca ocupes una tarjeta de crédito, es más, son muy útiles en emergencias pero debes aprender a usarla, porque al final pagamos más de lo que son nuestros gastos necesarios y sólo tapamos un hoyo para poder abrir otro, un círculo muy nocivo para tus finanzas.

Warren buffet el inversionista más grande te dice; "Cuando estás en un hoyo lo que tienes que hacer es dejar de cavar". Deja de endeudarte con deudas que no te dejarán un beneficio, al contrario te irán perjudicando más. Endéudate ganando, apalancándote y usando el dinero de alguien más para crear tu empresa,

CAPÍTULO 24 NOTA

para poner ese negocio que tienes en mente ó para invertirlo en algo que sabes que será una inversión segura, seguido de su retorno de ganancia.

Benjamin Franklin dice; "Cuida de los agujeros pequeños, porque un agujero pequeño puede hundir un barco". Se cuidadoso cuando uses el crédito de una tarjeta para poder invertir, medítalo varias veces y crea un plan en caso de que no resulte para que puedas ver cómo saldar el crédito. Sé realista y no te dejes llevar por la novela seductora de tu idea millonaria, la prudencia tiene mucho valor en la vida de cualquier futuro empresario o empresaria millonaria, no lo olvides.

Debes de moverte del grupo en donde estás si quieres ser mejor, porque un alcohólico no deja de ser alcohólico sino hasta que deja de frecuentar a sus amigos alcohólicos. Lo mismo pasa en los negocios, si frecuentas a gente con

CAPÍTULO 25 CAPITAL VS FLUJO DE EFECTIVO

deudas y que ya las toman como algo normal, las deudas te seguirán. Debes de encontrar a un grupo al que le repudien las deudas y que amen crease activos para que puedas aprender y a adquirir su mentalidad, hasta el punto en donde puedas jugar al mismo nivel que ellos juegan el juego del dinero.

Ganancias Capital vs Flujo de Efectivo

Las ganancias capital son todas aquellas negociaciones en donde se obtiene una ganancia por cualquier trato único, ósea comprar barato y vender caro en una sola operación. Un ejemplo muy claro de esto podría ser el negocio de las bienes raíces, en donde los vendedores de inmuebles buscan casas a menor precio para poder venderlas incrementando su valor. Puede verse reflejado en ganancias capital también la venta de artículos, acciones, autos, etc. En conclusión todo aquello a lo que le puedas obtener una ganacia.

CAPÍTULO 25 CAPITAL VS FLUJO DE EFECTIVO

En el libro El hombre más rico de babilonia dice "El dinero se le escapa a las personas que desean invertirlo en cosas en las que no conocen y la fantasía del retorno les invade", cuida bien tu inversión y asegúrate de conocer bien tu mercado; en dónde comprar barato y a quién venderle caro para que no tengas pérdidas que lamentar.

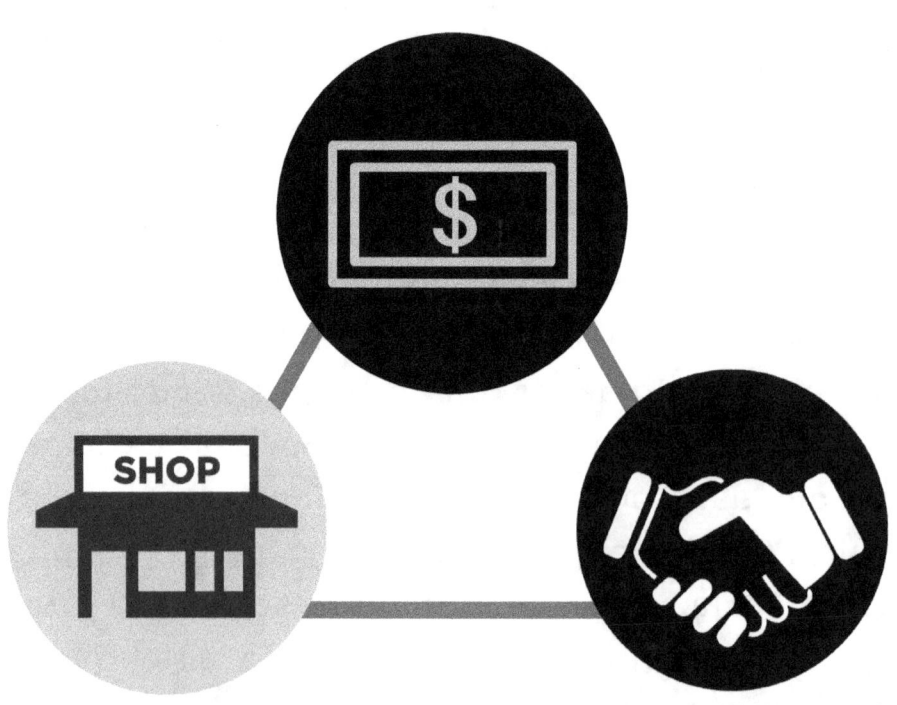

CAPÍTULO 25 CAPITAL VS FLUJO DE EFECTIVO

Flujo de efectivo

Es toda inversión la cual te dará un beneficio menor en comparación de las ganancias capital, pero será a largo plazo. Tomando el ejemplo anterior de las bienes raíces es recibir mes con mes la renta de un inmueble, no se compara con una venta pero es un flujo de efectivo constante de por vida, y con el beneficio de que puede aumentar el valor de tu vivienda con el paso del tiempo, y ¿Qué crees ?, también aumenta la renta a tus inquilinos.

Usemos un ejemplo que me gusta dar mucho cada vez que me preguntan sobre ganancias capital y el flujo de efectivo, es el ejemplo del ganadero y el granjero.

El ganadero tiene como su nombre lo dice ganado y su negocio se podría resumir en criar, alimentar y vender su ganado. El vender su gan-

CAPÍTULO 25 CAPITAL VS FLUJO DE EFECTIVO

ado implica que obtenga un precio por un número de vacas, pero al recibir su dinero pierde el número de ganado con el que inicialmente empezó, por ejemplo: si tenía 5000 vacas y vendió 1000, ahora sólo le quedan 4000. Claro que hubo una ganancia pero a costa de una disminución en su ganado; y el ciclo se repite, esta es la ganancia capital.

Por otro lado un granjero tiene la misma cantidad de vacas 5000, pero él las ordeña para poder vender leche, mantequilla, crema y todo

producto que se derive de los lácteos; sin duda recibe una cantidad menor de ganancia a comparación de vender una vaca, pero él no pierde a ninguna de sus vacas, es más, puede conseguir muchas más para tener más ganancia con lo que cada una le puede dar, éste es un flujo de efectivo.

CAPÍTULO 26 LAS INVERSIONES

La verdad yo ocupo las dos formas de ingresos, pero éste es mi caso, tu ocupa el que mejor vaya con tus habilidades, esa es tu parte, la mía es enseñarte estas 2 formas de ingreso.

Las Inversiones

Hemos llegando hasta el apartado de las inversiones, el último cuadrante del flujo del dinero y el puesto más alto al que se puede llegar. En este apartado combinas tu inteligencia con tu conocimiento para que tu dinero te genere más dinero, así de simple, pero debo de decirte que para llegar aquí implica mucho más trabajo que en cualquier otro lado de cuadrante, porque debes de saber más para poder ganar más, ya que aquí es donde está el 10% de la población que controla el 90% del dinero que hay en el mundo, y no por nada están en este cuadrante.

Déjame explicarte en resumen, qué es en lo que se concentran este tipo de personas para poder permanecer en donde están:

CAPÍTULO 27 *LAS INVERSIONES*

- Negocios : Usan el dinero de alguien más al punto en donde se vuelven expertos por la frecuencia con que lo hacen; conocen lo que los potenciales inversiones de su idea quieren y la garantía con que los bancos les darán acceso al crédito que buscan. Usan el tiempo de alguien más porque han sistematizado sus empresas para que cada quien sepa lo que tiene que hacer en la empresa, lo que les permite a los dueños estar lejos y en tranquilidad, sabiendo que su empresa seguirá operando eficientemente. Conocen las leyes fiscales porque sabe de la importancia de estar protegido por posibles demandas por clientes ó por empleados, multas fiscales, reclamaciones, uso de marcas, uso de patentes, entre otras situaciones similares.

Tener un asesor te puede brindar el respaldo legal que toda empresa necesita tener. No olvides que hay mucha

112

CAPÍTULO 27 LAS INVERSIONES

gente que solo esta esperando beneficiarse a costa de los demás, no te permitas caer en el "hubiera" y contrata asesores y expertos en el tema para que siempre estés protegido de una forma legal.

Crea negocios en donde ayudes a resolver los problemas de la gente y siempre tendrás éxito. No olvides también que un negocio ético te puede abrir muchas más puertas.

- Bienes raíces : Siempre el negocio de la bienes raíces ha sido desde los tiempos remotos un buen activo, el recibir rentas mes con mes las hace una inversión segura a largo plazo, sin mencionar el beneficio que tienen cuando suben su valor por el paso del tiempo.

CAPÍTULO 27 LAS INVERSIONES

- Activos en papel : Son todas esas opciones de compra -venta de acciones y fondos de retiro que a largo plazo son muy beneficiosos. Invertir en activos en papel es una acción inteligente de un inversionista sofisticado, pero siempre busca asesoría de los expertos para no caer en manos de estafadores.

Recuerda que un buen inversionista es aquel que diversifica sus negocios, es decir que tiene sus negocios en diferentes áreas ya sea en la salud, minería, construcción, telecomunicaciones, tiendas departamentales, transportes, entre otros. Esto es porque saben que la clave, es colocar sus inversiones en varias áreas para no depender de sólo una.

¿Qué hace un inversionista?
- Sale de su zona de confort.
- Se protege de forma legal.
- Se apalanca usando el dinero de alguien más.
- Administra sus negocios para crear sistemas porque sabe que el trabajo en equipo es fundamental, ya que no puede hacerlo todo el solo.
- Gana/ crea más activos.

CAPÍTULO 28 **INGRESO PASIVO**

El ingreso pasivo, tu ingreso ideal.

Como ya te la había comentado a lo largo de este libro, hemos estado creyendo la idea que si trabajamos duro, llegaremos a ser ricos, a menos de que tengas un trabajo excelentemente pagado, pero dudo con toda sinceridad que eso pase, con ésta situación en la que vivimos, ya que los empleos lamentablemente están mal pagados; pero tranquilo vivimos en un tiempo cambiante por lo que la manera de ganar dinero también lo ha hecho.

En resumen el ingreso pasivo es ganar dinero sin trabajar de manera activa. Es dejar que el dinero trabaje para nosotros en lugar de que nosotros trabajemos para él. Te parecerá algo difícil de asimilar el ¿Cómo es que no debo de trabajar y el dinero llegará a mi cuenta?. No es así, es trabajar de forma más inteligente.

¿Te imaginas viajar alrededor del mundo sin preocuparte por el dinero ? ¿Te ha cruzado por

CAPÍTULO 28 INGRESO PASIVO

la cabeza estar con tu familia cuando quieras sin tener que pedirle permiso a tu jefe ? ó hacer las cosas que te apasionan en la vida sin el remordimiento de acumular deudas. Todo es posible sólo sigue leyendo.

Existen dos formas para iniciar tu ingreso pasivo, pero sea cual sea tu plan o modelo de negocio dependerá de tu creatividad, tu iniciativa, tu situación económica, tu talento y las habilidades que poseas. La primera forma para iniciar tu ingreso pasivamente es el de recaudar dinero a tus amigos, a tu familia ó a inversores para crear tu idea millonaria, puedes pedir también dinero al banco para poder capitalizarte pero cualquier tipo de préstamo tiene sus riesgos, considera todas las opciones siempre antes de tomar acción.

Por otro lado existe el ingreso ideal, el cual no necesita de capital inicial para generar dinero. Si tu quieres comenzar desde cero y no cuentas con mucha inversión para empezar, ésta es tu

CAPÍTULO 28 INGRESO PASIVO

mejor opción, porque se basa en la creación de libros, marcas, patentes, sitios web y muchas otras formas.

Asegúrate de que nunca te despiertes y te des cuenta de que el dinero que esperabas no haya sido depositado en tu cuenta. Ten como prioridad una inversión que te provea de contar con un dinero seguro y constante para que no te preocupes por pagar tus gastos y solo te preocupes por el crecimiento de tus ingresos. Tu inversión debe de tener la capacidad de brindarte un colchón para pagar tus deudas o de una posible quiebra en tiempos difíciles. Encuentra un negocio que crezca y que expanda sus ganancias a medida de que pase el tiempo.

CAPÍTULO 28 INGRESO PASIVO

Una persona verdaderamente inteligente sabe que debe diversificar, ósea no poner todos los huevos en una sola canasta. Ten diversas plataformas las cuales te generen ingresos constantemente en lugar de enfocarte en una sola inversión. De esta manera si una inversión no responde como esperabas, no pierdes todo de una sola vez, ya que tendrás muchas más opciones.

El ingreso pasivo a través de las Bienes Raíces.

Los Bienes Raíces son un buen tipo de ingreso pasivo, sin embargo, hace falta que tengas dinero y los ahorros suficientes para que puedas comprar o construir tu primer inmueble para generarte ingresos.

Cuando adquieres tu inmueble, su renta te proveerá de un flujo estable de dinero mes con mes. Además que existe siempre una demanda constante por propiedades en alquiler, no hay que buscar inquilinos porque éstos llegan por

CAPÍTULO 28 **INGRESO PASIVO**

por si solos, basta con poner un anuncio afuera de tu inmueble que diga que lo rentas.

A diferencia de otras inversiones, puedes renovar tu inmueble de tal manera que te pueda dar un mayor ingreso con su renta: por ejemplo; si mejoras la funcionalidad o la apariencia de tu propiedad incrementará su valor de manera significativa, lo que a su vez te permitirá aumentar tu ingreso por medio del incremento de su alquiler.

Debido a que los estilos de las casas y las tendencias cambian, mantener tu propiedad interesante y atractiva para potenciales  inquilinos siempre será una buena inversión, y muy segura también. No descuides lo que te da un ingreso estable por ahorrarte dinero, debes comprometerte a inviértele, a cuidarla y ésta te dará una tranquilidad de dinero constante. En periodos inflacionarios, el costo de los materiales de construcción aumenta por lo que los valores

CAPÍTULO 28 INGRESO PASIVO

de las rentas también se incrementan. En consecuencia, la inflación como titular del inmueble no te afecta.

Por otra parte puedes invertir en bienes raíces sin las estratosféricas cantidades que se necesitan gracias al internet; por medio de las empresas fintech.

Básicamente una empresa fintech es una empresa que se basa en la tecnología que busca levantar capital, osea, pide dinero prestado a cambio de darte un porcentaje de ganancia; Supongamos que inviertes $ 1000 dólares con ellos, pues al llegar la fecha que ellos dijeron que te devolverán tu inversión te darán un 15 % (muy buen rendimiento por cierto).

Entonces tu ganancia será de $ 1150 dólares, ahora llevado al mercado inmobiliario tu puedes invertir en empresas que hacen desarrollos inmobiliarios a través de **Crowdfunding**, invirtiendo tu dinero sin la preocupación de que se perderá porque están reguladas y debidamente autorizadas para hacer este tipo de operaciones, yo en lo particular invierto con ellas, solo es cuestión de que pierdas el miedo a estas nuevas empresas vanguardistas que están matando las inversiones tradicionales, y les abren la puerta a pequeños inversionistas como nosotros al mercado inmobiliario.

Hay muchas crowdfunding en el mundo y debes buscar la que sea de tu país. Como yo soy de México busqué las que eran de mi país para que sea más local mi inversión, por decirlo así. Tú por tu parte puedes hacer lo mismo que yo, busca cuales son las opciones que tienes y siempre investiga los comentarios y la reputación de las empresas donde quieres invertir.

Pero en realidad como te lo mencioné son muy seguras por todos los procesos que los bancos y las reguladoras les hacen pasar para ser empresas Crowdfunding.

Solo para mencionarlo yo invertí en **M2crowd** y no he tenido ningún problema. Ve a mi sitio web al final de mi libro y encuentra más información.

El ingreso pasivo a través de Regalías.

Un ingreso pasivo con el que puedes estar esperando sólo tu dinero, es por medio de las regalías también conocidas como propiedad intelectual.

Básicamente las regalías son creaciones de la mente, las cuales se pueden asociar con derechos legales para reconocer a quien los hizo. Estas pueden ser canciones, películas, fotografías, libros, obras de arte, entre otras más.

No te mentiré, es mucho trabajo crear una idea y desarrollarla para que tengas tu propiedad intelectual, pero la ventaja de este modo de ingreso es que una vez que tengas tu obra, ya sea literaria, musical u otra, todo lo que se

CAPÍTULO 28 **INGRESO PASIVO**

necesita hacer es crear duplicados para que la gente pueda adquirirlos y éstos te puedan generar ingresos.

• **Autopublicación.**

Una de las opciones que tienes de generarte un ingreso pasivo es por medio de que publiques una obra y la vendas tu mismo. No es la forma más sencilla, en especial si apenas estás comenzando, porque aún no tienes muchos seguidores; pero una vez que lo logres, los beneficios serán grandes, te lo aseguro.

Primero debes de identificar un tema de interés, y ver que cuente con suficiente gente que pagaría por conocer más, ósea encuentra tu producto y tu nicho. Investiga del tema o desarrolla uno que domines, pero ten en cuenta que debe de haber a quien venderle, no vayas a publicar un libro acerca de "¿Cómo desarmar una videocasetera?" en pleno siglo de la revolución digital. Ve acorde a lo que le interesa a las personas en la actualidad.

CAPÍTULO 28 INGRESO PASIVO

Pero otra vez gracias al internet publicar no había sido tan fácil. Crea tu obra, ya sea una novela, una serie, poemas ó información de alto valor por lo que la gente invertiría en adquirir tu libro.

Por ejemplo, libros de autoayuda de "Cómo hacer amigos", "Cómo hablar en público", "Cómo ser más atractiv@", "Cómo saber vender correctamente".

En fin, me pasaría escribiendo otro libro de los temas por los que la gente invertiría por saber. Una vez que lo hayas terminado debes buscar empresas autopublicadoras de libros y si se te hace muy complicado ve a **Amazon KDP**.

Ahí podrás publicar tu manuscrito desde tu computadora, eso si, debes de darle el formato PDF para que se pueda imprimir correctamente. Y para hacer tu portada, basta con que le pagues a un diseñador gráfico freelance por el diseño de ésta.

CAPÍTULO 28 INGRESO PASIVO

La verdad no es nada complicado si te sabes mover por el internet, porque solo tienes que registrarte como en cualquier plataforma, subir los formatos y publicar.

Debes de considerar estos puntos antes de publicar en AMAZON KDP:

- Registra tu manuscrito para que tengas todo los derechos como autor. Copyright

- Los pagos serán en diferentes divisas por lo que deberas abrir una cuenta en **Payonner** para recibir pagos de todo el mundo sin problemas.

- Te recomiendo que publiques tu manuscrito en las dos versiones que te ofrece la plataforma; Ebook (digital) y tapa blanda (física). Esto para que puedas ampliar tu margen de ganancia teniendo las 2 versiones para todo público.

CAPÍTULO 28 INGRESO PASIVO

• Licencias.

Básicamente es darle el permiso a alguien más, para que pueda vender tu propiedad intelectual por un cierto tiempo. Sólo le das la autoridad para que genere ingresos con lo que tu creaste. Un ejemplo muy conocido de esto; son la editoriales, las cuales se encargan de explotar tu obra y tú te  beneficias con las regalías que dejen las ventas, de acuerdo a lo que diga la licencia que les otorgaste. El trabajo se lo cedes a ellos para que sólo vivas de lo que tu libro te genere.

• Negociar.

Otra manera de generar ingresos pasivos y una vez que te hayas involucrado en el negocio durante cierto tiempo, es por medio de ser un intermediario entre un autor y una editorial. Si te das cuenta, no necesariamente tienes que ser un autor intelectual para generarte dinero; sólo necesitas unir los puntos, al autor y a la editorial.

CAPÍTULO 28 **INGRESO PASIVO**

Debes de tener cuidado y conocer bien a las editoriales, porque algunas son poco éticas y se aprovechan de los autores, aprende a distinguirlas para ahorrarte dolores de cabeza.

Ideas en las cuales puedes obtener un ingreso pasivo.

• Escribir Blogs.

Un blog te generará dinero si eres capaz de hacer que tu sitio de internet tenga tráfico, oséa, cuanta más gente logres llevar a tu sitio, más probabilidades tendrás de que adquieran tus productos y servicios. Puedes hacer que las empresas te ofrezcan trabajar con ellos, al ver que eres un influencer para muchas personas y puedas promover sus productos que tengan relación con lo que tu haces o escribes, es un ingreso pasivo que se llama mercadeo por afiliación.

CAPÍTULO 28 **INGRESO PASIVO**

Esta opción para generar ingresos por internet siempre será una de mis primeras opciones, porque podemos escribir y generar contenido de algún tema que nos apasiona, y tener una ganancia de dinero por ello.

No quiero decir que de la noche la mañana conseguirás dinero por medio de tu blog, porque lleva tiempo generar la audiencia necesaria en tu blog para poder sacarle provecho.

Hoy en día vivimos en la era del información, en donde crear una web a través de **WordPress** es tan fácil, y lo puedes hacer en menos de 10 minutos. Todo lo que necesitas está en videos de Youtube.

El crear contenido de calidad de un tema en específico te generará audiencia por medio de los artículos que escribas, si tu audiencia se comienza a familiarizar contigo y a considerarte un experto en e el tema que estas desarrollando

CAPÍTULO 28 INGRESO PASIVO

en tu blog, les generarás tanta confianza que adquirirá los productos o servicios que les ofrezcas.

Vender tus infoproductos en tu blog.

Si tu blog tiene una temática que te apasione lo suficiente, puedes monetizarla. Basta con tener conocimientos que le ayuden a tu audiencia a resolver problemas, pero antes debo de darte un consejo.

La mejor forma de crear fidelidad es darles buena información. Cuando tu ayudas por medio de consejos, sugerencias o experiencias creas un lazo de confianza por quien lee tu blog.

Bien, ahora comencemos. Los infoproductos han incrementado su demanda debido a que las personas invierten más en si mismas, y lo harán si el tema lo vale. He escuchado de productos digitales para hacer barras de jabón artesanal casero que han generado una buena suma de di-

CAPÍTULO 28 INGRESO PASIVO

nero, y mi primera impresión fue de "¿En serio?". Y es que la verdad hay mercado para todo. Los infoproductos se distinguen por ser digitales, no tienes que preocuparte por la logística de los envíos, ni siquiera por llevar el control del stock porque una vez que son vendidos pueden ser descargables infinidad de veces.

Y lo mejor es que no tienes que estar físicamente en el sitio de donde los compran. Son la nueva revolución, la era de los nuevos servicios pagados en internet.

La primera vez que creé mi infoproducto no tenia nada de diseño, fue un Ebook relacionado al emprendimiento, y me bastó un escrito de Word guardado como PDF. Estaba muy emocionado porque había creado mi primer infoproducto, pero después fui mejorando para darles un mejor diseño, porque así como tu discurso de venta es importante, tu producto también lo es, ya que es tu carta de presentación para seguir aumentando las ventas con tu audiencia, el cómo se ve influye

CAPÍTULO 28 **INGRESO PASIVO**

en la toma de decisiones. Porque ¿ Comprarías un producto que su empaque se ve maltratado o desgastado ? se que es un producto digital pero debemos enamorar también con la imagen para persuadir en la compra. No tienes que pagarle a un diseñador para lograr una buena presentación, yo en lo personal uso una herramienta en su versión gratuita que se llama **Canva.**

Si estas pensando en vender infoproductos debes de ofrecerlos en todas sus versiones, porque hay gustos para todo tipo de personas. Hay a quienes les gustan los videos,  los ebooks o los audios. Sel punto es que no te cierres a solo una versión amplias tus modalidaes y ampliaras tus márgenes.

Cuando vendí mi video, creé un presentación en Power Point y en forma de conferencia grabé mi pantalla y mi voz para exponerla. ¿Lo ves ?

no se necesitan de programas costosos para iniciar, depende de tu creatividad. Más adelante puedes

invertir en un profesional que se dedique en la creación de videos o puedes contratar un Freelance, para ver quién se acomoda más al presupuesto de tu proyecto. Ya que si lo tuyo no es crear infoproductos, puedes promocionar los de alguien más con una afiliación en **Clickbank**. Ahí encontrarás una variedad muy amplia en temas y categorías, así como diferentes tipos de comisiones que dan por cada venta a través de tu enlace de afiliación.

CAPÍTULO 28 INGRESO PASIVO

Vender productos por afiliación

Es una de las formas más inteligentes de hacer dinero. Y se resume en promocionar productos alineados a la temática de tu web, para recibir una comisión por cada venta realizada a través de ti. Cuando te unas a un programa de afiliados te darán un enlace para que lo coloques en tu web y así llevar un conteo de cuantas personas compraron a través de tu enlace de afiliados.

En mi opinión es una forma pasiva de generar ingresos. Eh escuchado de afiliados que han llegado a generar hasta $9000 USD mensuales, obviamente lleva trabajo de por medio, pero aun así son ingresos que difícilmente se logran con un trabajo tradicional. Ahora imagina si tuvieras más de un proyecto de afiliados, que tuvieras hasta 10 proyectos ! Cuanto dinero no generarías ¡

CAPÍTULO 28 INGRESO PASIVO

Uno de los programas de afiliación al que te puedes unir es **Amazon Afiliados**, muy buena plataforma y lo mejor es que es gratuita. No quiero escucharme sentimental pero Amazon Afiliados fue mi primera forma de ingreso por internet, así que le guardo buenos sentimientos jajaja.

hay otros programas como son **tradedoubler.com**, **sharesale.com**, etc. para aplicar el sistema de afiliados, pero al final quien tiene la ultima palabra de escoger serás tu. ¿Cuál es la ciencia en esto ? Pues creas una página web, publicas artículos y cuando comiences a generarte tráfico (visitas), colocas un enlace de un producto relacionado con el tema de tu blog en Amazon Afiliados para empezar a tener comisiones por las ventas hechas a través de tu enlace. Por ejemplo: si eres amante de las mascotas y creas un blog sobre las razas de perros que hay, la forma correcta de entrenar a tu mascota, y demás artículos de interés. Atraerás visitas y si promo-

CAPÍTULO 28 **INGRESO PASIVO**

cionas productos para mascotas con tu afiliación de Amazon como alimento, collares, casas, y todo tipo de productos; al final por cada venta que se genere a través de tu enlace, comisionas $$. El potencial de ingresos dependerá del mercado que hayas elegido y del tráfico que lleves a tu web.

O si lo quieres hacer mucho más sencillo puedes crearte una página empresarial en Facebook y una cuenta en Instagram, proponerte a crear contenido relacionado al nicho al que te vas a dirigir y crear campañas para atraer gente a tu enlace de afiliación.

Por estar redes sociales tienes una gran ventaja, por la comunidad tan grande que hay ellas, solo es cuestión de dirigirlas a tu enlace de amazon de afiliados para cobrar tu comisión por cada venta hecha a través de tu enlace.

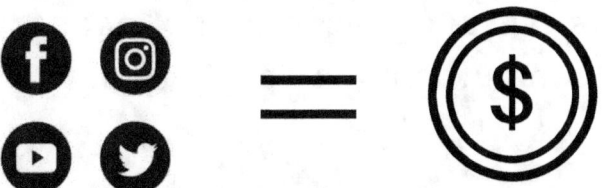

CAPÍTULO 28 **INGRESO PASIVO**

Dropshipping

El Dropshipping es un modelo de negocio en donde contactas a proveedores mayoristas con un buen precio por su producto y lo vendes en tu plataforma aumentándole tu ganancia. No tienes que preocuparte por el stock porque tu eres el intermediario entre el cliente y tu proveedor, solo tienes que enviarle los datos a tu proveedor para que él sea quien envíe el producto.

Existen sistemas automatizados muy sencillos que te permiten hacer esto. **Oberlo** es una web que se encarga de entrar en contacto directo con proveedores que trabajan con el dropshipping y lo puedes complementar usando **Shopify**.

Shopify es una tienda online muy intuitiva que te permite tener acceso a todas esas herramientas que una tienda online debe de tener, y van desde tener una pasarela de pagos hasta su integración automática con Oberlo.

CAPÍTULO 28 INGRESO PASIVO

Las claves para que tu tienda online tenga buenos márgenes son :

1.- Encontrar un buen producto con demanda.

2.- Encontrar un buen proveedor y serio, porque dependerás de él para que se envíen correctamente todos tus productos.

3.-Tener un buen margen de ganancia. Yo en lo personal recomiendo de un 20% a un 50%.

4.- Llevar visitas a tu sitio web (tráfico) por medio de redes sociales, campañas, posicionamiento orgánico (SEO) y Adwords.

Lo bueno de este modelo de negocio es que no haces inversiones iniciales en comprar productos, pero si debes de invertir en todo tipo  de anuncios, esto es primordial sino nadie sabrá de tu tienda online.

Vende tus conocimientos en UDEMY

Puede sonar muy complicado el crear una página web, crear infoproductos, buscar proveedores y demás, pero una alternativa es vender tus conocimientos en una plataforma online ya establecida. **Udemy** es un plataforma online en donde subes videocursos sobre un tema en particular y le pones un precio.

Hay muchas categorías como son Finanzas, Estilo de vida, Diseño, Música, Negocios, Marketing, etc. Seria una buena opción que pudieras ver por tu cuenta la variedad  de temas que tiene, y lo mejor de esto es que no necesitas captar visitas porque la plataforma tiene tráfico constantemente.

En esta era de la información, la gente invierte por temas que les interesan, y esta dispuesta a seguir adquiriéndolas si les brindas un buen producto.

CAPÍTULO 28 INGRESO PASIVO

1.- Crea tu cuenta en Udemy.

2.- Elige un tema que te pueda dar ganancias mensuales.

3.- Si la demanda es alta y el número de cursos son pocos, vas por buen camino.

4.- Crea tu curso con un buen título, formato y diseño.

5.- Recibe los ingresos por tu curso.

Pero tampoco se queda atrás otra plataforma llamada **Hotmart**, esta plataforma es también una de las mejores *on demand* para ser creador de contenido o ser un consumidor. La verdad no te podría decir cual es mejor porque las dos tienen como en todo sus lados buenos y malos. Pero aun así nadie les quita el crédito de ser; dos de las mejores plataformas para poder crear y adquirir cursos online, bajo la modalidad *on demand*.

CAPÍTULO 28 INGRESO PASIVO

Si quieres tener un curso exitoso debes de encontrar un tema en demanda y con poca competencia para aumentar tus probabilidades de tener buenos ingresos.

Invertir tu dinero por prestarlo

Si lo tuyo es invertir tu dinero actualmente existen plataformas en donde puedes prestar tu dinero y ganar con los intereses de forma segura, una de ellas es **Yotepresto**.

Aquí puedes invertir tu dinero para prestarle a personas que necesitan pagar su autos, para que paguen sus deudas, gastos en general, etc. Y lo mejor de todo es que Yotepresto hace todo el trabajo por ti. Ellos le cobran a las personas a las que les prestaste mes con mes y el índice de morosidad (personas que no pagan) es muy bajo, porque la plataforma crea muchos filtros para que una persona pueda ser aprobada, y pueda tener acceso al préstamo.

CAPÍTULO 28 INGRESO PASIVO

De esta manera no tendrás que preocuparte para que te paguen porque solo califican las personas con cero problemas bancarios o de créditos, ya que la empresa los investiga a fondo.

Es un gana-gana porque no les conviene tener problemas con los inversionistas, ya que cobran una comisión de los intereses generados, a cambio del buen funcionamiento de la plataforma y el cobro puntual de tu inversión.

Es una plataforma muy segura porque está regulada por la Comisión Nacional Bancaria y de Valores (CNBV). Y es considerada como una de  las mejores crowdfunding en el mercado y líder en el sector de las fintech.

Ahora te puedes dar cuenta que prestar dinero nunca había sido tan fácil y seguro.

• ¿ Cuál es la desventaja ?

No lo mencionaría como una "desventaja" porque no tiene nada que ver con el rendimiento de la empresa, pero si con quien quiere invertir en ella. Porque lamentablemente esta fintech solo se puede usar en México. Si lo sé, si eres de otra nacionalidad esto no te va a gustar.

Pero me di a la tarea de encontrar más Fintech internacionales en donde puedes incursionar.

1.-Ant Financial
2.-Zhong An
3.-Qudian
4.-Oscar
5.-Avant
6.-Lufax
7.-Kreditech

Si quieres saber más sobre esta plataforma te sugiero que vayas a mi sitio web que esta al fiinal de éste libro y leas mi artículo.

Invertir en Bienes Raíces con poco dinero

Afortunadamente vivimos en una economía creciente y a la par de la tecnología, por lo que los modelos tradicionales para invertir en bienes raíces han cambiado, dándonos la oportunidad de invertir sin tener el dinero del valor completo de una inmueble para aprovechar los descuentos que el mercado nos ofrece.

Contrasta totalmente con el pasado porque solo los más ricos o los que tenían el efectivo completo para la compra de éstos podían acceder a este mercado, pero eso ha cambiado en nuestra era.

Invertir de esta manera es de mis favoritas porque se combinan los mercados físicos con la tecnología vanguardista fintech.

Crowdfunding inmobiliario significa invertir en

CAPÍTULO 28 INGRESO PASIVO

proyectos inmobiliarios a través de plataformas de levantamiento de capital o fondeo colectivo, en pocas palabras usan tu inversión (dinero) para crear proyectos inmobiliarios ya sean departamentos, inmuebles turísticos, casas y demás; para así darte un beneficio de ganancia por haber invertido con ellos.

Los mínimos para invertir por esta modalidad suelen ser muy bajos y aunque todo es a través de Internet, no puedes dejar de aprovechar los beneficios de las inversiones en bienes raíces que te ofrecen.

Sin duda es un modelo de negocio mucho más apto para aquellos que quieren invertir pero no cuentan con mucho capital como para comprar un inmueble en una sola exhibición.

Este modelo respeta perfectamente a un ingreso pasivo; inviertes en un proyecto y al cabo de un cierto tiempo recibes tus utilidades una vez que se haya completado el proyecto y se haya vendido claro.

CAPÍTULO 28 **INGRESO PASIVO**

Actualmente se encuentran reguladas por entidades financieras y reguladoras de fondos colectivos (inversiones colectivas) por lo que no existen letras chiquitas que te puedan dar dolores de cabeza en un futuro.

En mi experiencia he usado dos plataformas que me han dando ganancias y no he tenido problemas con ellos de ningún tipo, **M2Crowd** y **Briq**.

Ya te he mencionado que soy de México por lo que estos Crowdfunding son locales, pero no te desanimes si no están en tu país, hay muchos alrededor del mundo. Solo busca los que estén operando en tu región, investígalos e invierte en ellos.

Verás que fácil será estar esperando tu dinero generado de tus inversiones.
Recuerda que debes de invertir con el menor riesgo posible, y claramente ésta es tu mejor opción.

CAPÍTULO 28 **INGRESO PASIVO**

Inversiones de muy alto riesgo

• Bolsa de valores

Lamentablemente el invertir en la bolsa de valores está muy mal etiquetada por las personas que la consideran una apuesta, y es que hemos sido mal educados.

Invertir en bolsa no es un juego de azar, mucho menos es apostar para perder, es una herramienta extra que nos puede ayudar financieramente, si la sabemos ocupar correctamente, claro.

La he catalogado como "inversiones de alto riesgo" por todo lo que implica. El comprar y vender acciones no es algo que se pueda tomar a la ligera, requiere de mucha preparación, conocimiento y práctica.

Y va más allá que sólo comprar, porque debes considerar muchos temas a la hora invertir como la política, la recesiones, la inflación, la

CAPÍTULO 28 INGRESO PASIVO

salud económica por la que pasa la empresa en la que quieres invertir, posibles catástrofes naturales, etc.

Entiende que entre más conocimientos adquieras menos riesgo vas a obtener, y por consecuencia menos miedo existirá de tu parte. Mientras más tengas del primero menos tendrás del último y viceversa.

Si quieres aprender a invertir tu dinero en acciones debes estar consciente que invertirás el tiempo necesario para aprender sobre el tema, hasta ese momento invertir por tu parte será un riesgo.

En lo personal uso dos plataformas para poder comprar y vender acciones; y que considero que son de las mejores y las más fáciles para operar; **GBM HOMEBROKER** y **FIRSTRADE**.

CAPÍTULO 28 **INGRESO PASIVO**

La seguridad al invertir la encuentras en la constancia, no en ganancias de suerte. Recuerda que los inversores no apuestan, invierten.

• Criptomonedas

Bitcoin es una criptomoneda, una de muchas y la más popular. Es una moneda como el dólar, el euro o cualquier otra divisa pero con la enorme diferencia de que es digital y que nadie la controla porque esta descentralizada. Lo que permite que se intercambie sin intermediarios, se hace de persona a persona, no bancos, no cuentas congeladas, no altas comisiones.

No la emite nadie en comparación de las divisas comunes que las emiten los bancos. Esta moneda digital es creada por medio de maquinas encargadas de resolver demasiados códigos y números que las certifiquen como originales, porque si recuerdas son digitales y

CAPÍTULO 28 INGRESO PASIVO

debe de haber seguridad, básicamente se encriptan (lo digo de forma sencilla porque es más complejo que eso).

Esta criptomoneda te permite comprar y vender por internet cualquier producto o servicio, y hasta mandar y recibir dinero. Actualmente para mandar dinero te cobran comisiones por todo, comisión por transferencia bancaria, comisiones por uso de tarjeta de crédito, comisiones hasta por usar los servicios y pagos en línea.

Pero también se le ha considerado como un activo de inversión muy valioso. El punto es que es un activo escaso, y como va pasando el tiempo, va aumentando más su valor.

Tambien no todo es color de rosa porue es muy volatil, osea que sube y baja muy rapido su valor, por eso es de alto riesgo. Si quieres comprar Bitcoins yo uso dos plataformas **BITSO** y **COINBASE**.

CAPÍTULO 28 **INGRESO PASIVO**

Hasta la fecha no he tenido ningún problema en comprar, vender, enviar y recibir Bitcoins con estas dos plataformas.

Te las recomiendo mucho, si quieres aprender más de ellas ve a mi sitio web para saber más.

CAPÍTULO 28 **INGRESO PASIVO**

Como puedes ver hay muchas ideas con las cuales te puedes generar un ingreso. Todo lo que necesitas hacer, es pensar fuera de la caja y mantenerte fuera de las formas comunes para invertir. Puedes ofrecer servicios de consultoría, crear tu nicho de páginas de internet o incluso puedes crear tu pequeña empresa y hacerla crecer hacia un emprendimiento más grande y rentable. Sin importar que opción prefieras siempre puedes generarte ingresos pasivos sin realizar demasiado esfuerzo.

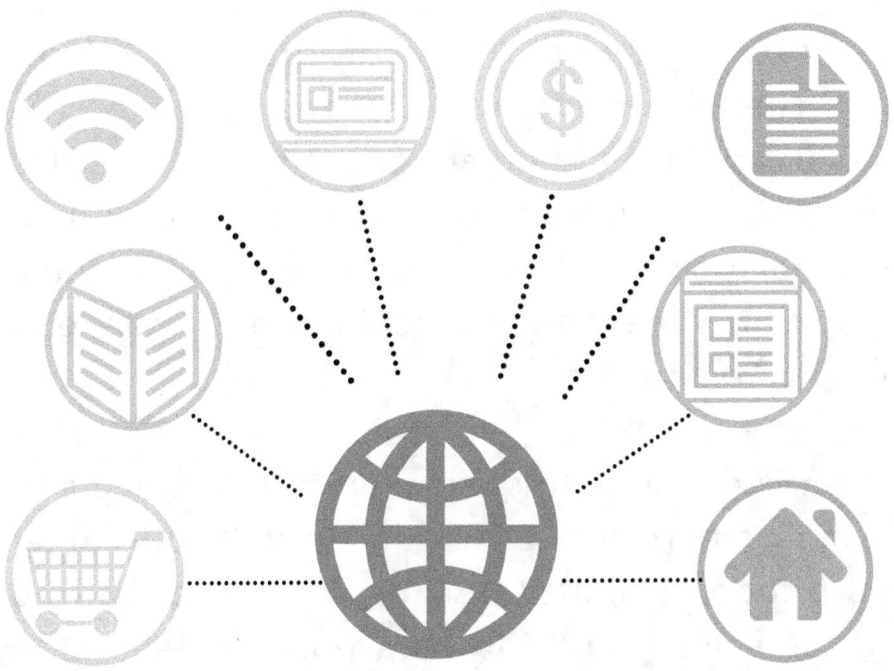

Conclusión.

Todo lo que involucre a tener un ingreso pasivo requerirá de mucha energía y de mucho esfuerzo por tu parte. Será difícil al comienzo, pero de eso se trata, sino cualquiera lo podría hacer.

Ten una mentalidad siempre positiva porque te enfrentarás a muchos desafíos, pero tu hambre de éxito deberá ser más grande. Quítate de esas creencias que te limitan como; "Es demasiado trabajo", "No creo poder hacerlo", "No sabría por dónde comenzar", porque sólo sabotean tu mentalidad de éxito. No pierdas nunca la motivación porque la necesitarás para los tiempos difíciles y todos esos obstáculos que se te presentarán, incluso antes de que tengas resultados.

Tu eres el eje de lo que quieras crear, ya sea tu propia empresa ó un estilo de vida diferente, pero todo comienza por tomar acción; si tu no tomas acción nadie lo hará por ti, o tal vez te contraten para que trabajes en el sueño de

CONCLUSIONES

alguien más en lugar del tuyo. Haz que las cosas sucedan y establécete cumplir siempre tus objetivos, nunca dejes nada a medias y siempre hazlo de la mejor manera, pero aún teniendo toda ésta información, el primer paso a dar en éste camino del emprendimiento será el tenerte fe.

Y por último quiero decirte que no necesitas ser rico porque ya eres rico con todo lo que tienes, el dinero es sólo una pequeña parte.

Te explico, tú ya eres rico por la familia que tienes, por los padres que tienes, por la pareja que tienes, por los hijos que tienes, por los hermanos y hermanas que tienes, por los amigos que tienes, por estar viv@, por respirar, por despertar todos los días, por tener lo que tienes y lo más importante por ser TÚ.

¿En dónde estás?   Aquí.
¿Qué hora es?   Es ahora.
¿Quién eres?   Soy este momento.

"Este es un homenaje a los locos, a los rebeldes, a los inadaptados, a los alborotadores, a los que van contra la corriente, a los que ven las cosas de diferente manera, a los que no siguen las reglas, a los que no respetan el status quo. Puedes citarlos, estar en desacuerdo con ellos, glorificarlos o difamarlos. Pero lo único que no puedes hacer es es ignorarlos, porque ellos cambian las cosas, empujan a la raza humana hacia adelante.

Y mientras unos los ven como locos, nosotros vemos a genios. Porque las personas que están lo suficientemente locas como para pensar que pueden cambiar el mundo . . . . son las que lo hacen."

Steve Jobs

MANTENTE HAMBRIENTO
MANTENTE INSENSATO
¡ NUNCA PARES !

Este libro se lo quiero dedicar primeramente a Dios por darme la convicción de concluirlo y darme la fuerza en todo el camino de mi emprendimiento, sin él nada de esto hubiera sido posible.

A mi madre que ha sido pilar fundamental en mi vida, a Eddie Hawkins mi mentor, la mente exitosa que comenzó todo esto.

Y a todos esos emprendedores que luchan por una mejor vida para ellos y sus familias, que el espíritu de emprender nunca se extinga en sus corazones y que nunca pierdan la fe en si mismos.

PELEA LA BUENA BATALLA TERMINA LA CARRERA Y MANTEN LA FE.

Fue un placer servirte.

Christian Ortíz Navarro

www.mente-inversora.com

contacto@mente-inversora.com

www.ingramcontent.com/pod-product-compliance
Lightning Source LLC
Chambersburg PA
CBHW060840220526
45466CB00003B/1178